AVERTISSEMENT.

CET examen littéraire avoit d'abord pour objet de montrer au Public que le Bélisaire de M. Marmontel offre un dessein qui manque d'exécution, un tout sans unité, des caractères sans vraisemblance ; en un mot un roman dans lequel les règles de l'art sont violées, ainsi que le respect dû au gouvernement : mais comme nous avions aussi fait voir la conformité des sentimens de Bélisaire, dans le quinziéme chapitre, avec ceux de J. J. Rousseau dans son Emile, & ceux de l'auteur du poëme sur la Religion naturelle, (ouvrages impies flétris

par arrêts du Parlement) nous
avons jugé à propos d'ajouter des
réflexions & des notes qui puſ-
ſent ſervir , en quelque maniere ,
de préſervatif , juſqu'à ce que la
Faculté de Théologie de Paris eût
fait imprimer la cenſure ſolide &
judicieuſe , dont elle s'eſt occupée
avec tout le ſoin que demandoit
une matiere ſi importante.

EXAMEN

DU

BÉLISAIRE

DE M. MARMONTEL.

NOUVELLE ÉDITION AUGMENTÉE.

Scribendi rectè sapere est & principium & fons :
Horat. de arte poëticâ.

A PARIS,

Chez H. C. DE HANSY le jeune, Libraire,
rue Saint-Jacques.

M. DCC. LXVII.

MÉTHODE

Que l'on a suivie dans cet Examen.

Fin de la Table.

EXAMEN

EXAMEN
DE
BÉLISAIRE.

L'HISTOIRE de Bélisaire, vainqueur des Parthes en Asie, des Goths en Italie, des Vandales en Afrique, disgracié plusieurs fois par l'Empereur Justinien, est une histoire des plus intéressantes de l'antiquité. Mais s'il est constant que ce fameux Général a été la victime de l'envie & de la calomnie, il n'est pas également avéré qu'il ait été réduit à mendier son pain, après avoir eu les yeux crevés par l'ordre de ce même Empereur dont il avoit affermi le trône & étendu si loin les conquêtes : cependant cette opinion a prévalu; c'est celle qu'a suivie M. Marmontel dans le Roman qu'il vient de donner au public.

A

Cet écrivain ingénieux, qui a trouvé le secret de faire goûter des leçons de vertu & d'honnêteté, en les préfentant fous les appas flatteurs d'une fable inté-reffante, & en les embelliffant par les charmes du ftyle, annonce dès le frontif-pice que fon intention eft de peindre un grand homme dans l'adverfité. C'eft un fpectacle * digne des regards de Dieu, qu'un héros aux prifes avec la mauvaife fortune. Mais M. Marmontel, fi heureux & fi eftimable dans fes autres Contes Moraux, a-t-il répondu dans celui-ci à l'attente du public ? Sa piéce eft-elle con-forme aux régles de l'art ? Son plan eft-il bien conçu, bien exécuté ? Les caracteres des acteurs qu'il introduit fur la fcène font-ils bien frappés ? La fageffe & la vérité ont-elles en tout point dirigé fa plume ? C'eft ce que je me propofe d'examiner, après avoir fait l'analyfe de cet ouvrage, afin de rapprocher les ob-jets fous les yeux du lecteur.

---

* *Ecce fpectaculum Deo dignum , vir fortis cum malâ fortunâ compofitus.* Senec.

ANALYSE

DE

BÉLISAIRE.

PREMIER CHAPITRE.

Un soir, après l'exercice de la chasse, quelques jeunes Seigneurs de l'armée de Justinien soupoient ensemble dans un château de la Thrace, lorsqu'on vint leur dire qu'un vieillard aveugle, conduit par un enfant, demandoit l'hospitalité. C'étoit Bélisaire : il se fait connoître à eux, après leur avoir donné des leçons de sagesse & de vertu, & paye son asyle en leur disant la vérité.

Le jeune Tibere, qui depuis fut un Empereur vertueux, étoit du nombre des chasseurs. Il est encore plus frappé que les autres de la dignité & de la fermeté avec laquelle ce vénérable vieillard avoit parlé du dévouement à la patrie, de l'amour de la gloire, de l'enthousiasme pour la vertu, qui devoient animer des personnes de leur état. Il assure un de ses amis que jamais les paroles de cet aveugle à cheveux blancs ne s'effaceront de son ame. Ce récit vient à l'oreille de Justinien : il parle à Tibere, il désire voir & entendre Bélisaire, sans être connu : il ordonne à ce jeune Prince de suivre les traces de ce héros, & de l'attirer dans une maison de campagne qui étoit sur sa route, où il veut se rendre secrétement. Tibere obéit avec transport, & dès le lendemain il prend la route que Bélisaire avoit suivie.

SECOND CHAPITRE.

BÉLISAIRE s'acheminoit, en mendiant, vers un vieux château en ruine, où sa famille l'attendoit. Arrivé le soir dans un village, l'enfant qui le guidoit s'arrête à la porte d'une maison où le maître du logis rentroit avec sa bêche à la main. Bélisaire s'annonce à lui comme un vieux soldat : il est bien reçu, soupe avec la famille de son hôte. Ils parlent des guerres d'Italie contre les Goths, de celle d'Asie contre les Perses, de celle d'Afrique contre les Vandales & les Maures. Vous avez donc fait toutes les campagnes de Bélisaire, dit le villageois ? Nous ne nous sommes point quittés, répond le héros inconnu. Buvons à la santé de votre Général, lui dit son hôte, & puisse le ciel lui faire autant de bien qu'il m'a fait de mal en sa vie ! L'énigme est expliquée ; ce villageois, c'étoit l'infortuné Gelimer, mené par Bélisaire en triomphe à Constantinople avec sa femme & ses enfans. Il y avoit bientôt six lustres qu'il vivoit dans cette solitude, & ses malheurs lui avoient appris à s'élever au-dessus des caprices de la fortune. Bélisaire, pour motif de consolation, lui découvre qui il est, & lui raconte ses malheurs ; Gelimer s'écrie, éperdu & hors de lui-même : Et quels font les monſtres ? .. Les envieux, dit Béliſaire ; ils m'ont accuſé d'aſpirer au trône quand je ne penſois qu'au tombeau. Gelimer veut l'engager à paſſer avec lui les derniers momens d'une ſi belle vie. Béliſaire répond qu'il ſe doit à ſa famille, qu'il va mourir dans ſes bras ; & lui dit adieu.

TROISIÉME CHAPITRE.

IL approchoit de l'aſyle où ſa famille l'attendoit, lorſqu'un incident nouveau lui fit craindre d'en être éloigné pour jamais. Un parti de Bulgares venoit de pénétrer dans la Thrace. Leur prince apprend que Béliſaire étoit ſorti de priſon ; inſtruit de la route qu'il avoit priſe, il le fait ſuivre par quelques-uns des ſiens, qui le joignent, l'enlévent & le font monter ſur un courſier ſuperbe. Ils le conduiſent dans un château qui étoit la maiſon de plaiſance d'un vieux courtiſan, appellé Beſſas, qui s'y étoit retiré avec dix mille talens, fruit des horribles concuſſions qu'il avoit exercées. Ils y entrent l'épée à la main, & trouvent Beſſas à table, environné de flatteurs : ils font main baſſe ſur lui & ſur tous les convives, & font aſſeoir Béliſaire à la place du maître indigne. Béliſaire leur témoigne le chagrin mortel qu'il a de ce qu'ils ont fait couler autour de lui le ſang de ſes compatriotes, & les prie ou de le faire mourir, ou de lui promettre de ne rien faire de pareil tant qu'il ſera avec eux. Ils le lui promettent. Leur général, comblé de joie de le voir arriver dans ſon camp, lui fait l'accueil le plus favorable. Apprends-moi, magnanime vieillard, lui dit-il en particulier ; apprends-moi à vaincre mes ennemis, & à te venger du tyran de Byſance. Vous voulez donc, lui répondit Béliſaire, qu'il ait eu raiſon de me faire crever les yeux. N'attendez de moi ni révolte ni trahiſon. Il l'exhorte au contraire à ſe faire allié & ami de Juſtinien. Le Bulgare admire une fidélité ſi digne d'un autre prix : il lui offre des préfens. Bélifaire n'accepte que de quoi fe nourrir lui & fon guide ; & la même efcorte le remit où elle l'avoit rencontré.

QUATRIÉME CHAPITRE.

IL approchoit du château où fa famille s'étoit retirée, lorfqu'étant arrivé à un village voifin, il eft furpris d'entendre dire : le voilà ; c'eft lui-même. C'étoit toute une famille qui venoit au-devant de lui, à la tête de laquelle étoit un vieillard qui ordonne à fes deux filles & à fon fils d'embraffer les genoux de leur libérateur. Difpofez de nous, lui difent-ils, & de nos biens ; ils font à vous. Le jeune Seigneur (c'étoit Tibere) qui nous a ordonné de veiller à votre paffage, vous en offrira davantage ; mais non pas de meilleur cœur que nous, le peu que nous avons. Bélifaire rend graces au vieillard, lui demande s'il eft auffi heureux que bienfaifant, fi fon fils étoit fage & laborieux. Sur la réponfe du vieillard, Bélifaire s'écrie : Que je vous porte envie !

On sert un repas champêtre, après lequel Bélisaire prit congé de ses hôtes. Le fils accompagne son général ; car il avoit eu l'honneur de servir sous ses drapeaux : il lui offre de le venger du barbare qui l'avoit réduit dans un état si misérable. Eh ! de quel droit me vengeriez-vous, lui dit le vieillard, d'un ton imposant ? Quoi, je ferois d'un bon soldat un assassin ; d'un fils vertueux & sensible un scélérat, un forcené ! C'est alors que je ferois digne de tous les maux qu'on m'a faits. Le jeune homme rougit de son emportement, & quitte Bélisaire, après s'être prosterné à ses pieds.

CINQUIÉME CHAPITRE.

L'AVENTURE de Bélisaire avec les Bulgares l'avoit détourné de sa route. Tibere l'avoit devancé. Antonine, femme de Bélisaire, & Eudoxe sa fille, s'étoient retirées, après sa disgrace, dans un château solitaire & ruiné ; le bruit d'un char dans la cour les avoit fait tressaillir. La

fille accourt, le cœur faifi & palpitant ; au
lieu de fon pere, elle voit un jeune inconnu. Un vieux domeftique de la maifon, appellé Anfelme, aborde Tibere.
Tibere lui demande fi ce n'eft point là
que Bélifaire s'eft retiré : il apprend qu'il
eft attendu de la femme & de la fille :
il les affure que Bélifaire eft en liberté,
qu'il vient ; qu'ils vont bientôt le voir ;
qu'il lui avoit parlé, & qu'il venoit lui-
même lui offrir les fervices d'un bon
voifin : mais en même temps, il leur annonce qu'ils verroient Bélifaire autant
malheureux qu'il étoit poffible.

SIXIÉME CHAPITRE.

BÉLISAIRE, en ce moment même, en-
troit dans la cour du château. Le fidéle
Anfelme le voit, reconnoît fon maître ;
mais s'appercevant qu'il eft aveugle : ô
Ciel, dit-il, ô mon bon maître ; eft-ce
pour vous voir en cet état que le pauvre
Anfelme a vécu ! Eudoxe ne fait qu'un
cri, & tombe évanouie ; Antonine qu'une

fiévre lente confumoit, s'élance de fon
lit, avec les forces que donne la rage :
elle veut fe précipiter. Les monftres...
s'écrie-t-elle ; voilà fa récompenfe ! De
cet accès, elle tombe dans un abattement
mortel, & expire quelques heures après.
Bélifaire laiffe un libre cours à la douleur de fa fille & à la fienne ; mais bientôt il fe releve de fon accablement avec
la force d'un héros ; affifté de Tibere,
appuyé fur fa fille, il rend à Antonine
les devoirs de la fépulture.

Touché de la générofité de Tibere, il
lui demande qui il eft : il apprend qu'il
eft un de ces chaffeurs à qui il avoit de-
mandé l'afyle. Tibere le follicite vive-
ment de venir demeurer avec lui ; Bélifaire lui réplique, qu'il ne veut pas l'en-
velopper dans la difgrace d'un profcrit.
Le jeune homme fe retire affligé, & fait
à l'Empereur le récit de ce qui s'étoit
paffé. L'Empereur prend la réfolution
d'aller voir ce malheureux vieillard, &
de paffer pour le pere de Tibere. Une
maifon de plaifance, à moitié du chemin

de la retraite de Bélisaire, fut le lieu d'où l'Empereur, se dérobant aux yeux de sa cour, alla le voir le lendemain.

SEPTIÉME CHAPITRE.

BÉLISAIRE, à leur arrivée, se leve pour les recevoir. L'Empereur, à sa vue, jette un cri de douleur, & se couvre les yeux avec sa main, comme indigne de voir le jour que Bélisaire ne voit plus. Quel cri viens-je d'entendre, demande le vieillard? C'est mon pere, que je vous amene, dit Tibere, & que votre malheur afflige sensiblement. Bélisaire lui tend les mains pour l'embrasser, le prie de modérer cet excès de compassion, & lui parle de son fils. Permettez, lui dit l'Empereur, qu'il vienne recueillir les fruits de vos leçons. La conversation s'engage; Bélisaire apprenant que Tibere est d'une ancienne noblesse, lui détaille les devoirs & les obligations des nobles; il l'exhorte surtout à se donner de garde de l'ambition, qui, ayant un faux air de noblesse, se

gliffe aifément dans le cœur d'un jeune
homme bien né. Juftinien, pénétré, attendri, conjure le héros d'agrandir l'ame
de fon fils, qui eft né pour vivre à la
Cour, & qui fera peut-être un jour
admis dans les confeils du prince. Bélifaire fe rend à leurs vœux. Vous méritez,
dit le héros, que je vous parle à cœur
ouvert. Tel fut le premier entretien.

HUITIÉME CHAPITRE.

LE jour fuivant, vers le foir, Juftinien
retourne à la même heure, trouver Bélifaire, & lui communique les férieufes
réflexions qu'il avoit faites fur les dan-
gers du rang fuprême. A cette occafion,
Bélifaire lui détaille fort au long les devoirs d'un roi, & les obligations qu'il
contraĉte : fes peines font infinies, & fes
plaifirs font bornés au cercle étroit de fes
befoins. La facilité à jouir de tout, fait
qu'on n'eft ému de rien : l'habitude réduit à l'infipidité la douceur des biens
qu'on poffède. La gloire des armes peut-

elle être un plaisir bien doux pour un Prince né sensible ? L'amour de la guerre est le monstre le plus féroce que notre orgueil ait enfanté. Le bonheur même de faire des heureux est encore mêlé d'amertumes. Faut-il donc déposer la couronne ? Non ; mais il faut remplir avec constance sa destinée & ses devoirs, s'enyvrer de l'enthousiasme du bien public, & attendre de sa vertu le dédommagement & le prix de ses peines. L'Empereur se retire le cœur déchiré. Il annonce à la Cour le lendemain qu'il veut se promener seul dans la forêt voisine. Tibere l'y attendoit. Ils partirent ensemble, & vinrent trouver le héros ; & la conversation continue.

NEUVIÉME CHAPITRE.

On demande, dit Bélisaire, s'il est possible d'aimer la vertu pour elle-même. Il prétend que l'intérêt de la vertu peut s'ennoblir comme celui de l'amitié. Un jeune Prince doit sçavoir, que s'il veut

être libre, puiffant, riche, obéi, efti-
mé, honoré, c'eft de la vertu feule que
dépendent ces avantages ; qu'il n'y a de
pouvoir abfolu que celui des loix ; & que
celui qui prétend régner arbitrairement
eft efclave : que l'art de régner confifte à
fuivre les mouvemens d'un efprit jufte ,
& d'un bon cœur. Un Prince doit fe per-
fuader que l'Etat & lui ne font qu'un ,
& ne compter pour fes vrais biens que
ceux qu'il affure à fon peuple : il doit regarder la propriété comme un titre indigne de la couronne. *Il fera jufte par intérêt , modéré par ambition , bienfaifant
par amour de foi-même.* Voilà dans quel
fens la vérité eft la mere de la vertu.
Pour lui le vrai c'eft le jufte & *l'utile.* Voilà ce qui doit l'occuper toute fa vie. S'é-
tudier foi-même , & étudier les hommes ,
c'eft ce qui s'appelle aimer la vérité. A
ces mots , ils fe féparent ; mais le lendemain à la même heure , Bélifaire les
attendoit au pied d'un chêne antique.

※

DIXIÉME CHAPITRE.

JUSTINIEN & Tibere, qui s'avançoient, l'entendent faire avec lui-même l'éloge de la bienfaisance. C'est cette vertu qui est l'objet de cette conversation. Il n'en est pas qui ait plus de charmes, dit Justinien ; encore faut-il modérer ce doux penchant, reprend le héros : s'il n'est éclairé & réglé par la justice, il dégénere en un vice tout opposé. La bienfaisance consiste moins à répandre qu'à ménager. Un Prince, pour éviter la séduction, doit avoir des amis, n'avoir point de favoris, & opposer à l'intrigue la volonté du bien. C'est le moyen d'exciter l'émulation, & d'interdire aux ambitieux les manéges & les surprises. Une cour intrigante est le chaos des passions. De-là le relâchement du zèle, l'oubli du devoir, l'audace du crime. Tel est le régne de la faveur; elle hâte la décadence d'un Empire. Mais si un état est foible & languissant, le remede, ainsi que le mal, est dans la nature des choses, & nous n'avons qu'à l'y chercher. Eh bien, dit l'Empereur, daignez faire avec nous cette recherche confolante.

Onziéme Chapitre.

Justinien, plus impatient que jamais de revoir Bélifaire, vint le preffer le jour fuivant de déchirer le voile qui depuis long-temps lui cachoit les maux de l'Empire. Bélifaire ne remonta qu'à l'époque de Conftantin. Ce Prince ne vit pas, dit-il, que tranfporter le fiége de l'Empire à Conftantinople, c'étoit en ébranler, au phyfique & au moral, les plus folides fondemens, puifque la nature, elle-même, avoit fait de l'Italie le fiége des maîtres du monde ; au lieu que dans Byfance, tout eft tranfplanté, rien n'eft enfemble, l'efprit national n'a plus de caractere, le germe de la vertu eft détruit, il faut le femer de nouveau. Les fuccès même des armes font ruineux à l'Etat ; & le moyen d'éviter la guerre, n'eft pas d'acheter la paix ; il faut de bonnes armées, & fur-tout des peuples heureux. L'oppreſſion excite la révolte, qui rompt tous les nœuds de la paix. Il faut que le peuple ſoit docile & fort ; il ſera l'un & l'autre, ſi ceux qui exercent ſous le Souverain l'autorité, ſentent le frein de la juſtice ; & vous verrez demain que l'art de gouverner eſt moins compliqué qu'on ne penſe.

DOUZIÉME CHAPITRE.

LE lendemain, le bon aveugle & ſes deux hôtes reprennent leur entretien. Un Prince qui veut régner par lui-même, leur dit Béliſaire, doit ſçavoir tout ſimplifier. Son premier ſoin eſt de connoître ce que ſes peuples attendent de lui, & ce qu'il a droit d'exiger d'eux ; il doit abréger les détails de l'adminiſtration, éclairer la perception des impôts, ſimplifier la régie. La ſociété primitive a été diſtribuée en trois claſſes, qui doivent s'aider mutuellement, l'une à tirer du ſein de la terre les choſes néceſſaires à la vie ; l'autre à donner à ces productions la forme

& les qualités relatives à leur ufage ; &
la troifiéme à la régie & à la défenfe du
bien commun. Dans cette inftitution,
tout fert, tout paye le tribut ; & c'eft à
cet ordre fi naturel que fe réduit l'éco-
nomie d'un gouvernement équitable.
Que le poids des dépenfes publiques foit
diftribué felon les forces & les facultés
de chacun, ce poids fera léger pour tous.
Puniffez les oppreffeurs, tels qu'ils foient,
& l'égalité defirée fera rétablie. Réta-
bliffez auffi les agens fpécialement char-
gés du foin de recevoir les plaintes du
peuple pour en informer l'Empereur.
Qu'on rende à la difcipline militaire fon
auftérité & fa vigueur ; on trouvera alors
qu'il y a par-tout des gens de bien ; & s'il
en manque, on en fait renaître. Le Prince
n'a qu'à vouloir ; il fuffit qu'il les aime
& qu'il fçache les difcerner. Ce fera demain un entretien confolant pour nous.

TREIZIÉME CHAPITRE.

L'AFFABILITÉ, continua Bélifaire, eft l'ai-
mant de la vérité : la voix publique, c'eft

l'oracle des Souverains ; & l'on ne fait que de bons choix quand on se décide par elle. Du reste, le choix du monarque ne roule que sur deux objets, sur ses Conseils & sur ses agens. S'il a bien choisi les uns, je lui réponds du choix des autres. Mais pour trouver des hommes vertueux, il faut extirper la cupidité, cette racine commune de presque tous les vices de la Cour. C'est encore au luxe qu'il faut s'en prendre ; c'est par lui que doit commencer la révolution dans les mœurs.

J'ai peine à croire que le luxe soit bon dans les villes ; mais je suis bien sûr qu'il est funeste dans les armées ; je l'avois banni de ma tente, & dévoué au mépris. Le luxe, loin de faire fleurir les Etats, n'est bon qu'à tarir les sources du luxe. Une Cour d'où sera banni le luxe, l'intrigue & la faveur, si elle n'est pas la plus brillante, sera la plus heureuse. Mais c'est moins des loix que de l'opinion qu'il faut attendre la révolution dans les mœurs ; les mœurs seconderont les loix, & l'opinion soulagera la force. L'ordre rétabli, un Prince entendra les vœux, les louanges d'un fiécle heureux. Tandis que Bélifaire parloit, Juftinien admiroit en filence l'enthoufiafme de ce vieillard, qui triomphoit à la feule idée de rendre fa patrie heureufe & floriffante. Son aimable fille vint l'avertir que fon fouper l'attendoit : c'étoit un plat de légumes, qu'elle lui fervit elle-même.

Allons-nous-en, dit à Tibere Juftinien, frappé de la frugalité de ce héros; cet homme-là me confond. Le lendemain, il va le retrouver, & lui propofer les réflexions qu'il avoit faites.

QUATORZIÉME CHAPITRE.

JE fçavois bien, dit le vieillard, que je vous laifferois des doutes; mais j'efpere les diffiper. Les dépenfes de la Cour font réduites; nous en avons banni le luxe & la faveur. Paffons à la ville. De ce peuple oififf & innombrable qui eft à charge à l'Etat, qu'on ne retienne que ce que l'induftrie peut occuper & nourrir, &

que du reste on fasse d'heureuses Colonies : elles repeupleront l'Etat, & vivront du fruit de leur peine. Tant de braves soldats, que vous laissez languir dans la misere & dans l'oisiveté, ne demandent pas mieux que d'aller cultiver & garder leur champ de victoire ; ils y vivront de leur travail. Qu'on disperse & qu'on donne des terres vagues & incultes à ces essains de barbares qui se présentent en foule pour être admis dans nos provinces. Ignorez-vous à quel point la prospérité, l'abondance, la population, peuvent multiplier les forces d'un Etat ?

Alors on pourroit rendre tout cet Empire militaire, ensorte que tout homme libre soit soldat, mais seulement pour la défense du pays. L'Etat n'en auroit pas moins ses légions Impériales, qui se porteroient d'un poste à l'autre, où le danger les appelleroit. Eh ! qui vous répond, dit Justinien, que dans un Empire tout militaire les peuples seront bien soumis ? Qui m'en répond, dit le vieillard ! Leur intérêt, la bonté de vos loix, l'équité du gouvernement, modéré, vigilant & sage. Adieu mes amis ; *c'est un travail pénible que de changer la face d'un Empire.* Il est temps de vous repofer : cependant il me refte encore à vous parler d'une *calamité* * qui m'afflige fenfiblement, & à laquelle je veux intéreffer mon cher Tibere. *Il a de grandes vues*, dit l'Empereur, en s'en allant.

QUINZIÉME CHAPITRE.

LE quinziéme Chapitre roule tout entier fur la religion. Juftinien eft repréfenté aux prifes avec Bélifaire fur cet important objet. Ce général s'eft fait une religion bien douce ; &, felon lui, c'eft la bonne. Une religion fubordonnée à la raifon, & qui doit être d'accord avec le fentiment naturel de l'homme. Si la révélation contredit ce fentiment, il faut la défavouer : elle n'eft que le fupplément de la confcience, & elle n'a pour objet

* L'intolérance de la Religion Chrétienne.

que des vérités de spéculation ; elle n'apprend rien de ce qui est nécessaire pour se bien conduire. Car les vérités mystérieuses (les mysteres de la foi) ne tiennent point à la morale ; Dieu les a détachées de la chaîne de nos devoirs, afin que sans la révélation , il y eût partout des gens de bien ; & ces gens de bien de tous les pays, de tous les âges, de toutes les sectes, Bélisaire espere un jour être avec eux dans le ciel. Aristide, Titus, Caton, Antonin, Marc-Aurele, Trajan, se trouveront avec lui devant le trône du Dieu juste & bon. Justinien est étonné que Bélisaire place au ciel lès héros payens ; Bélisaire lui répond que telle est sa religion ; celle qui lui peint Dieu sous les traits les plus doux ; celle qui lui annonce un Dieu qui se plaît à l'amour de ses enfans , s'il se plaît à quelque chose , & qui ne punit qu'autant qu'il ne pourroit pardonner. Mais comment puniroit-il ? Le péché est une folie & une malice que Bélisaire ne conçoit pas ; c'est une rage absurde & impuissante.

Et

[25]

Et les méchans, lui dit Tibere, qu'en faites-vous ? ils ne feront point LA (dans le Ciel) répond Bélifaire (fans dire où ils feront, fans parler des peines éternelles.) Il trouve que la penfée d'un Dieu vengeur le rendroit farouche, dur, impitoyable; & dans l'alternative fatale d'être incrédule, ou affez méchant pour avoir cette idée, il fe rangeroit du côté des incrédules, fans qu'on pût lui en faire un crime. Hélas! à quoi penferoit un mortel, ajoute-t-il, de donner pour loi fa croyance! Quel garant que la foi des hommes! quand ils feroient infaillibles, eft-ce un devoir pour moi de les fuppofer tels ? Laiffez defcendre la foi du ciel, elle fera des profélytes; mais tout le zèle d'un Prince eft inutile à la Religion, nuifible pour lui & pour fes Etats. Un Prince avec des Edits ne fera jamais que des rebelles ou des frippons. Il n'a pas droit d'exiger dans fes Etats l'unité de dogmes. Les efprits ne font jamais plus unis que lorfque chacun eft libre de penfer comme bon lui femble.

B

Ce qui fait la tyrannie & l'intolérance, c'est l'importance que les Souverains ont le malheur d'attacher à leurs opinions ; c'est qu'ils accordent leur faveur 'à un parti, à l'exclusion des autres partis rivaux. Un Prince ne doit employer d'autres armes pour faire adorer Dieu que ses vertus bienfaisantes.

Justinien, que cette dispute avoit ému, se calme, est persuadé & s'écrie : Bélisaire est pieux & juste ; il aime son Dieu & desire que tout l'adore comme lui. Enfin il traite de sectaires ceux qui l'entouroient, & condamne lui-même le zèle auquel il s'étoit livré. [C'est-à-dire il adopte la Religion des Déistes, leurs maximes & leur tolérance, que Bélisaire venoit de lui prêcher avec tout l'art dont est capable un de nos incrédules modernes *.]

-----

* Voyez la Censure de la Faculté de Théologie sur l'Emile de Rousseau, notamment les propositions 30, 32, 37, 42, 45, 49, 50, on y trouve la condamnation de ce Chap. XV.

SEIZIÉME CHAPITRE.

LE lendemain l'Empereur & Tibere en allant revoir le héros, coururent un danger qu'ils n'avoient pas prévu, & la gloire de les en délivrer fut un triomphe que le ciel voulut donner encore à Bélisaire. Les Bulgares, qui s'étoient répandus de nouveau dans la campagne, se saisissent des Voyageurs. L'Empereur les prie de les mener au château de Bélisaire. Les Bulgares y consentent : ils apprennent de Bélisaire que ce sont ses amis & ses voisins. Grand-homme, reprend le chef de la troupe, tes amis sont libres, & ils te doivent la liberté. O Bélisaire, s'écria Justinien, quel ascendant avez-vous sur l'ame de ces peuples ! Bélisaire lui raconte comment il avoit soupé quelques jours auparavant avec le Roi des Bulgares, & comme il avoit rejetté avec horreur la proposition que ce Prince faisoit de le venger. Ah ! quels remords pour l'ame de Justinien, dit Justinien lui-même, s'il sait jamais quel a été l'excès de son

ingratitude. Bélisaire défend qu'on ou-
trage l'Empereur, il veut qu'on le plai-
gne & qu'on respecte sa vieillesse; il
expose comment ce Prince a été surpris.

Justinien se précipite sur Bélisaire, le
serre dans ses bras, & s'écrie, que c'est
lui-même qui est ce maître injuste, ce
tyran cruel qui a fait crever les yeux au
plus vertueux des hommes : il se livre à
tout les excès de la douleur & du désef-
poir. Bélisaire le rassure, l'excuse, lui
pardonne. Venez, lui dit l'Empereur,
venez dans ma Cour m'aider à expier
mon crime. Bélisaire eut beau le conju-
rer de le laisser dans sa solitude, il fal-
lut, pour le consoler, qu'il consentît à
le suivre. Justinien eut auparavant la consolation d'unir Eudoxe avec Tibere.
L'arrivée de Bélisaire à la Cour y jette le
trouble & la consternation; mais il vécut
trop peu pour le bonheur du monde &
la gloire de Justinien. Ce vieillard, foible & découragé, se contenta de lui donner des larmes, & les conseils de Bélisaire furent oubliés avec lui.

JUGEMENT

SUR

BÉLISAIRE.

VOILA l'analyse de ce roman répandu dans le public avec une rapidité incroyable, & saisi avec tant d'avidité. Le but de M. Marmontel étoit de peindre un grand homme dans l'adversité, de montrer un héros aux prises avec la mauvaise fortune ; mais à peine a-t-il ébauché quelques traits de ce tableau, que tout d'un coup il abandonne son sujet, pour en traiter un tout-à-fait étranger. Au lieu de conserver toujours cette fermeté, cette fierté majestueuse qui convient à un guerrier magnanime, Bélisaire, dans plusieurs Chapitres, à force d'être doux, devient doucereux ; à force de vouloir attendrir le cœur, il l'affadit ; à force d'outrer le sentiment

B iij

il l'émouffe : c'eft la fenfation que bien des perfonnes ont éprouvée. Il épuife tous les lieux communs de fenfibilité : on s'arrête feulement à quelques petites aventures romanefques, relevées par la beauté & l'aménité du ftile, fans lefquelles le roman feroit fombre & monotone depuis le commencement jufqu'à la fin ; comme il eft fans unité de fujet, & fans aucun enfemble, puifque du feptiéme Chapitre on peut paffer au feiziéme, fans que l'efpace intermédiaire foit apperçu : au contraire par cette fuppreffion la piéce eft mieux liée & mieux conduite. Tout ce rempliffage eft fait avec des piéces de rapport ajuftées : ce font des recoupes du dictionnaire Encyclopédique ; des Dialogues intercalés, dont la longueur endort, dont la fubtilité fatigue, dont le férieux attrifte l'ame du lecteur.

On commence dans le feptiéme chapitre, à entendre un froid fermoneur fur les devoirs de la nobleffe. Dans le huitiéme on voit un differtateur indifcret

fur la royauté & fur le gouvernement.
Dans le neuviéme , un panégyrifte enthoufiafte de la vérité & de la vertu.
Dans le dixiéme, un pédagogue mélan-
colique & rigoureux des Rois. Dans l'on-
ziéme , un politique alambiqué qui s'é-
puife en vaines fpéculations. Dans le
douziéme , un calculateur *anti-financier*
qui parle de ce qu'il n'entend pas. Dans
le treiziéme, un cenfeur cauftique de la
cour. Dans le quatorziéme, un réforma-
teur fyftématique & à pure perte, des villes & de la milice. Dans le quinziéme ,
qui eft comme le chef-d'œuvre de tout
le roman , on découvre un incrédule
moderne travefti en un fophifte fubtil
& féduifant , qui s'égare & veut égarer
les autres. Dans le feiziéme enfin, on
reconnoît un copifte fervile du dénoue-
ment de prefque toutes les piéces de ce
genre qui fe terminent par un mariage.

Ainfi au lieu de nous montrer dans
toute fa piéce un grand homme, un
capitaine célébre que la fageffe & le courage n'abandonnent point au milieu des

malheurs les plus affreux, M. Marmontel,
oublie bientôt ce qu'il avoit annoncé,
& n'offre plus à nos regards qu'un difcoureur infatiable, un politique vifion-
naire, un enthoufiafte qui parle bien, à
la vérité, mais qui s'admire lui-même,
& qui cherche des admirateurs.

BÉLISAIRE

COMPARÉ AVEC LE TÉLÉMAQUE

DE M. DE FÉNÉLON.

VOILA donc le roman que l'adulation
a bien ofé mettre en parallele avec le Télémaque de M. de Fénélon, avec cet ouvrage dicté par la fageffe, écrit par la
main des Graces; dans lequel on voit par-
tout régner la faine raifon; dont les maximes font fûres, les leçons dignes de former les enfans des dieux de la terre.
Quelle fupériorité M. de Fénélon n'a-t-il

pas fur M. Marmontel? Dans le premier, quelle élévation, quel feu de génie, quelle variété d'images, quel enchaînement de faits! quel intérêt, quel ensemble! Dans le fecond, quelle ftérilité dans l'imagination, quelle pefanteur dans les préceptes, quelle irrégularité dans l'exécution du deffein! Point de machine, point de reffort ; prefque point de faits, ni de mouvemens, ni d'intrigues : ce font des mots fouvent fubftitués à des chofes ; des difcours au lieu d'actions. Après le feptiéme chapitre on ne voit plus rien, on fe perd, on fe noye jufqu'au feiziéme.

M. de Fénélon a voulu imiter Homere, & quelquefois il a furpaffé fon modèle. M. M. paroît avoir calqué fon plan fur celui de M. de Fénélon ; c'eft Télémaque en petit, ou plutôt Télémaque travefti. Bélifaire eft Mentor ; Juftinien, Idoménée ; Tibere, Télémaque ; Eudoxe, Antiope. Le but eft le même, c'eft de former un jeune prince à l'art de commander. Mais que la copie eft foible &

chétive devant l'original ! Que Bélisaire est empesé, qu'il est assommant comparé avec Mentor ! Celui-ci, digne de servir d'interprète à la déesse Minerve, ne dit que ce qu'il faut dire, captive l'attention, enleve tous les suffrages, sans les exiger : il charme par sa douceur & sa modestie ; il répand ses richesses sans faste & sans arrogance ; il parle toujours comme auroit parlé la sagesse. L'autre est un parleur *insaturable*, un sophiste ennuyant, qui délaye dans un torrent de paroles, les maximes qu'il avance ; il s'échauffe & s'emporte devant ses deux voisins, comme s'il eût harangué dans le sénat de Rome : il traite des affaires d'état avec autant d'intérêt & de chaleur que s'il étoit à la tête du conseil des Rois. Il répéte avec emphase des choses que d'autres avant lui ont dites cent fois, & peut-être mieux que lui. Il ne doute de rien : il se croit l'oracle de l'univers.

Quel rôle joue Justinien, comparé avec Idoménée ? Celui-ci est un grand

Roi qui veut s'inſtruire de plus en plus ; qui ſait goûter & apprécier les conſeils de Mentor ; qui ſait agir & parler. Juſtinien, cet Empereur ſi renommé dans l'hiſtoire par ſes conquêtes, par le code des loix qu'il fit rédiger, par les belles actions qui ſignalerent trente années de ſon regne, comme le dit Béliſaire lui-même, montre une impéritie, une foibleſſe qui fait pitié. Tout ce qu'il entend lui paroît nouveau ; il ſemble qu'il paroiſſe pour la premiere fois ſur la ſcène du monde. Il ſe fait l'humble diſciple de ſon Général, & *s'engoue* de toutes les parolesq ui ſortent de la bouche de ſon maître.

Tibere diſparoît, & eſt un point preſque imperceptible devant Télémaque. Eudoxe eſt éclipſée par Antiope ; elle joue un rôle aſſez indifférent. Rien dans ſon caractere qui annonce des qualités dignes un jour de briller ſur le trône. A peine Tibere fait quelqu'attention à celle qui devoit être ſa future épouſe. Il paroît preſque dans le même moment penſer à elle, la demander en mariage, & l'obtenir. Eudoxe agit de même de ſon côté. Ce mariage bruſque & ſubit eſt un coup de théâtre imprévu.

Au contraire, avec quel art, quelle délicateſſe, quelle décence M. de Fénélon fixe-t-il l'attention de Télémaque ſur Antiope, & prépare-t-il de loin les nœuds ſacrés qui devoient un jour les unir. Béliſaire auroit-il fait quelque ſenſation dans le monde, s'il eût paru dans le même tems que Télémaque?

EXAMEN
DU STYLE.

QUOIQU'EN général le style de M. Marmontel soit clair, coulant, gracieux, naturel, sur-tout dans les récits qui peuvent être proposés comme des modèles de perfection ; cependant il y a plusieurs endroits dans ce roman qui paroissent incompatibles avec la simplicité du dialogue : on trouve des pensées, des phrases trop recherchées, trop subtiles, trop précieuses dans la bouche de Bélisaire. Quelques exemples pris au hasard, prouvent ce que nous avançons.

» Un sourire de la vertu est plus tou-
» chant que toutes les caresses de la for-
» tune... L'ame qui est esclave de la cu-
» pidité, est sans cesse exposée en vente,
» pour se livrer au plus offrant... Comme
» si le don de plaire étoit l'équivalent de
» tous les dons ; celui qui le possède peut

» aspirer à tout... Quelle force peut ba-
» lancer le goût *des plaisirs*, l'attrait des
» jouissances, le desir de posséder l'équi-
» valent de tous les biens...? Le Souve-
» rain peut faire que les jouissances les
» plus sensibles, les agrémens les plus
» doux, soient attachés à l'estime publi-
» que, & aillent avec elle au-devant du
» mérite... L'homme privé s'anéantit
» pour céder au Roi son ame toute en-
» tiere... Le monarque s'ennuie à la ta-
» ble, dès que l'homme est rassasié...
» On voit à la cour le caprice minutieux
» d'une volonté arbitraire qui érige en
» loix ses fantaisies, dont elle change à
» tout propos ; la crainte pusillanime de
» ne pas donner à la liberté assez de liens
» qui l'enchaînent ; le jaloux orgueil de
» dominer qui ne croit jamais faire assez
» sentir ses droits. Ici la lime & le tra-
» vail se font trop appercevoir.

» La chimere du mieux possible de-
» vient le modèle du bien ». On dit au
contraire que le mieux est souvent l'ennemi du bien.

» Qu'étoient les Décius, les Régulus,
» les Catons, sinon des hommes dont
» l'ame *exaltée* ne vivoit que de gloire &
» de vertu ? ... La vertu peut être feinte,
» mais le vice n'est pas joué, dès qu'il
» s'annonce on peut le croire... L'hon-
» nête-homme n'a pour lui que sa re-
» nommée, dont la voix se perd aux bar-
» rieres du palais... Que l'habitude fasse
» à l'homme un premier besoin de sa
» propre estime ; qu'il accoutume son
» ame à s'élancer hors d'elle-même ,
» pour recueillir les suffrages de l'avenir ;
» que le soin de cette existence morale
» lui rende la honte plus effrayante, plus
» horrible que le néant... la seule idée
» d'influer sur le destin des nations, me
» fait exister hors de moi-même... Les
» ames, à qui la nature a donné de *l'éner-*
» *gie*, les ames susceptibles des passions
» nobles, dédaigneront les objets de la
» vanité , & chercheront ailleurs la
» gloire...

» Le luxe a peu de jouissances indé-
» pendantes de l'orgueil ; ses goûts les

» plus rafinés font factices, & l'opinion
» qu'on attache à fes plaifirs vains & fan-
» tafques, eft ce qu'ils ont de plus flat-
» teur.

» Le luxe eft dans un état comme ces
» mal-honnêtes gens qui ont fait de
» grandes alliances, on les menage par
» égard pour elles, mais on finit par les
» enfermer, &c. » Toutes ces phrafes
font trop jolies & trop mignardées pour
Bélifaire.

PRINCIPES
dans le ftyle encyclopédique.

» Les loix ne doivent fe mêler que
» d'impofer la charge des befoins pu-
» blics fur la propriété commune, en
» laiffant intacte & facrée, la portion de
» la fubfiftance, pour ne toucher qu'à
» l'excédent de l'aifance de chaque état.
» L'opinion fera le refte; c'eft elle qui
» fans gêne & fans violence remet cha-
» que chofe à fa place... Les mœurs fe-
» condent les loix, & l'opinion foulage

» la force... Les espérances, les craintes,
» les récompenses & les peines, les jouis-
» sances & les privations, voilà le poids
» que la politique doit savoir mettre
» dans la balance de la liberté.

» L'homme n'ayant plus dans les bien-
» séances un motif de cupidité, & déli-
» vré de l'esclavage des besoins avilissans
» du luxe, sentiroit se développer en lui
» le germe des sentimens honnêtes... La
» sensibilité de l'ame étant émoussée, &
» n'ayant plus l'aiguillon du besoin, elle
» ne reconnoît ni l'attrait, ni le prix de
» la jouissance, & l'habitude qui rend si
» cruel le sentiment de la privation, ré-
» duit à l'insipidité la douceur des biens
» qu'on possede...

» Les besoins rendent l'homme opu-
» lent, avare; & son avarice est un mê-
» lange de toutes les passions qu'on satis-
» fait avec de l'or : mais si les plus ar-
» dentes de ces passions, l'orgueil, l'am-
» bition, l'amour même, car il suit la
» gloire, ne tiennent plus aux objets du
» luxe; voyez combien il perd de son

» attrait, & l'avarice de sa force. Desi-
» rer d'être utile au monde, c'est desirer
» d'être éclairé. Or la vérité que doit
» rechercher un prince, est la connoif-
» sance des rapports qui intéreffent l'hu-
» manité...

» Pour un souverain, le vrai, c'est
» le jufte & l'utile ; c'est dans la société
» le cercle des befoins, la chaîne des
» devoirs, l'accord des intérêts, l'échan-
» ge des fecours & le partage le plus
» équitable du bien public entre ceux
» qui l'operent ; le jufte n'est que la ba-
» lance de l'utile, & la mefure de ce qui
» revient à chacun de la fomme du bien
public ». Si M. Marmontel n'a pour
point de vue que ces deux mots *clarté
& vérité*, il remplit mal ici fa devife, car
il faut un Œdipe pour deviner ces éni-
gmes ; mais il faudroit des commentai-
res & des explications pour réformer ou
éclaircir les phrafes fuivantes.

» Dans les efpaces immenfes de l'er-
» reur, la vérité n'est qu'un point * ; qui

---

* Et cependant il dit un peu plus bas, que

» l'a faifi ce point unique ? chacun pré-
» tend que c'eſt lui ; mais ſur quelle
» preuve » ? c'eſt le langage de MM. de
Montefquieu & Freret, & après eux de
M. Thomas ; ils prétendent que le bien
moral comme le bien politique ſe trouve preſque ſur une ligne inviſible * ...
» Un ſouverain ſera juſte par intérêt,
» modéré par ambition, & bienfaiſant
» par amour de ſoi-même ». C'eſt une
erreur du Livre de l'Eſprit de faire enfanter les vertus par les paſſions. » D'a-
» bord l'amitié n'eſt produite que par
» des vues de convenance, d'agrément,
» d'utilité, infenſiblement l'effet ſe dé-
» gage de la cauſe, les motifs s'évanouiſ-

---

la vérité luit de ſa propre lumiere ; comment un point unique peut-il luire & être apperçu dans les eſpaces immenſes de l'erreur ? Ce n'eſt pas la ſeule contradiction qui ſe rencontre dans Béliſaire ; il s'égare ſouvent avec ceux qu'il ſuit.

* Voyez l'examen de l'éloge de M. le Dau-phin, par M. Thomas. Nous avons pris cet exa-men pour modèle du nôtre.

» fent , le fentiment refte. On y attache
» par habitude la douceur de fon exif-
» tence. Il en eft de même de la vertu ;
» avant de l'aimer on s'aime , & avant
» d'en avoir joui , on cherche en elle un
» autre bien ». Quel perfiflage pour renouveller l'erreur du Livre de l'Efprit ,
qui veut que l'intérêt foit la règle & la
mere des vertus ! » Les vices de l'huma-
» nité ne font-ils pas dans l'ordre des
» chofes comme la pefte qui a défolé
» l'Empire ? Qu'importe l'inftrument que
» *la nature* emploie à nous détruire ! …
» Tout eft égal … Ne croiroit-on pas ici
entendre le langage d'un fatalifte ?
Il y a bien de la différence entre le mal
phyfique & le mal moral ; le premier
peut venir de Dieu & être le châtiment
du péché ; l'autre vient de la malice ,
de la révolte , ou de la fragilité de l'homme , qui tranfgrefle la loi du créateur.

[45]

PRINCIPES qui pourroient bleſſer le gouvernement.

» C'eſt un mal qu'il y ait des hommes
» qui puiſſent impoſer à la ſociété tous
» les frais de leur exiſtence... Qui auroit
» pu prévoir qu'il y auroit des ſouverains
» aſſez inſenſés pour faire divorce avec
» leur peuple, & cauſe commune avec
» ſes ennemis! Un ſouverain doit ſe pé-
» nétrer & s'enivrer de l'enthouſiaſme
» du bien public... Je m'engage a-t-il dû
» ſe dire, à ne vivre que pour mon peu-
» ple... Plus il me rend puiſſant, moins
» il me laiſſe libre... L'autorité eſt fondée
» ſur la volonté & ſur la force de tout un
» peuple... Le ſouverain, ligué avec ſon
» peuple, eſt riche & fort de toutes les
» richeſſes de l'état... Voilà comme pen-
» ſoient un Antonin, un Marc-Aurele.
» Je n'ai plus rien en propre, diſoit l'un;
» mon palais n'eſt pas à moi, diſoit l'au-
» tre; & leurs pareils ont penſé comme
» eux : un ſouverain doit renoncer à l'i-
» dée de propriété ».

N'eſt-ce pas inſinuer que le gouvernement eſt un bien public qui appartient
au peuple ſeul eſſentiellement & en plei-
ne propriété. (Encycl. *art.* GOUVERNE-
MENT *& art.* AUTORITÉ.) Que le peuple
eſt naturellement ſouverain, ou pour
parler comme le Miniſtre Jurieu, réfuté
par M. Boſſuet *, que le peuple poſſéde
naturellement la ſouveraineté ; que la
ſouveraineté eſt dans le peuple comme
dans ſa ſource. Ou ſelon Jean-Jacques
Rouſſeau, que la ſouveraine puiſſance, le
pouvoir de faire des loix, réſide néceſſai-
ment & invariablement dans le peuple,
de ſorte que, » chaque ſujet par ſon ſuf-
» frage, influe dans la rédaction des loix
» ſelon la part qu'il a à la ſouverai-
» neté » **.

Un Roi eſt le pere & le chef d'une famille qui ſe compte par millions. Un Roi
a donc ſur ſes ſujets les droits qu'un bon
pere a ſur ſes enfans. Et ſi » c'eſt une lâ-

---

* Voyez avertiſſement aux Proteſtans, No. 49.
** Em. Tome IV, p. 394, & ſa cenſure, p. 315.

» che complaisance de dire aux Rois
» qu'ils régnent pour eux-mêmes, que
» leurs caprices font des loix fous lefquel-
» les tout doit fléchir » : n'y auroit-il pas
de l'audace & du danger à dire aux peu-
peuples » que la Cour ne revient jamais,
» foit qu'elle ait raifon, foit qu'elle ait
» tort &c... qu'un Roi doit à fes fujets
» compte de fes foibleffes, de fes paf-
» fions, de fes erreurs ; qu'il leur donne
» des droits fur TOUT ce qu'il eft... qu'il
» renonce à foi-même, dès qu'il confent
» à regner... comme fouverain , qu'il
» n'exifte qu'avec fon peuple & PAR *
» fon peuple... que les peuples fe donnent
» un Roi ; qu'ils remettent leur fort
» dans les mains d'un feul homme...
» qu'ils confient à un feul le foin de
» commander à tous... que fi la volonté
» du Roi eft aveugle & paffionnée, ils
» lui oppoferont la volonté réfléchie &

---

* Dieu dit : *Per me Reges regnant... non
eft poteftas nifi à Deo.*
à *Pag* 84.

» fage du légiflateur dont ils fe font mu-
» nis ».

Comme fi le pouvoir légiflatif étoit fé-
paré de la perfonne du fouverain, comme fi la plénitude de l'autorité réfidoit
dans le peuple & non dans le Souverain,
comme fi c'étoit de fes fujets que le
prince tînt l'autorité qu'il a fur eux, &
non pas de Dieu feul que les Rois tiennent leur fceptre & leur couronne; de
lui feul qu'émane tout pouvoir fur la
terre; de lui feul que les fouverains font
jufticiables; comme fi le trône des Rois
n'étoit pas placé dans le lieu le plus fûr
de tous & le plus inacceffible, dans la
confcience même où Dieu a lè fien, comme parle M. Boffuet, (*Sermon fur l'unité
de l'Eglife.*

Ne diroit-on pas que l'on veut infpi-
rer à des cœurs françois des maximes
encore plus repréhenfibles que celles qui
ont été profcrites par la déclararion du
Clergé de France de 1682, maximes qui
paroiffent renouveller les principes de
l'Emile de Jean-Jacques Rouffeau, condamnés

damnés le 9 Juin 1762, par Arrêt du Parlement, " comme tendans à donner
" un caractere faux & odieux à l'autorité
" souveraine, à détruire le principe de
" l'obéiſſance qui lui eſt due, & à affoi-
" blir le reſpect & l'amour des peuples
" pour leurs Rois.

Convient - il de dire à des ſujets, " que dans leur Souverain les be—
" ſoins de l'homme iſolé ſe réduiſent
" à peu de choſe; qu'il peut jouir à peu
" de frais de tous les vrais biens de la
" vie, que le cercle lui en eſt preſcrit,
" & qu'au-delà ce n'eſt que vanité, fan-
" taiſie, illuſion...que, s'il ſe frappe de
" l'idée de propriété, & qu'il y atta—
" che la sûreté de ſa vie & de ſa couron-
" ne, il deviendra avare de ce qu'il ap-
" pellera ſon bien, il croira s'enrichir
" aux dépens de ſes peuples, & gagner
" ce qu'il leur ravira... qu'il s'armera
" alors contre ſon peuple, & qu'à la tête
" de ſon parti, marcheront l'ambition &
" & la cupidité, &c? Comme s'il appar-

C

tenoit aux sujets de faire la regle à leur
Souverain , & de lui donner des leçons.

N'est-ce pas décrier le Prince & le
gouvernement, compromettre & calom-
nier les Ministres & les Magistrats ,
que de dire : „ Les loix recommandent à
„ leurs dépositaires de s'opposer aux vexa-
„ tions , & ce sont eux qui les exercent.
„ Les loix leur font un devoir religieux de
„ garantir le foible des injures du fort ; &
„ c'est dans leurs mains qu'est la force, avec
„ le droit d'en abuser..La rigueur est toute
„ du côté des loix qui gênent le peuple, &
„ la mollesse & la négligence du côté des
„ loix qui le favorisent, & qui doivent
„ le protéger... on veut qu'il tremble
„ comme l'esclave sous les verges... on
„ l'énerve & on le rebute par la misere
„ & la souffrance... on l'aigrit, on le ré-
„ volte par le désespoir d'acquérir sans
„ cesse & de ne posséder jamais... on ris-
„ que le sort des peuples sur la foi d'un
„ homme... on met dans les fers , on
„ meurtrit de coups , on réduit à en-

[51]

" vier la condition des esclaves, les mal-
" heureux qui n'ont pas vexé le peuple
" avec assez de dureté.... on ferme la
" bouche aux peuples, on étouffe leurs
" cris; il ne leur est pas permis de se
" plaindre, à moins que leurs tyrans ne
" veuillent bien les y autoriser ". Il regne
dans tout ce bavardage de Bélisaire, &
dans les invectives qu'il accumule contre la Cour, un air de mauvaise hu-
meur qui est dégoûtant, & une témé-
rité qui révolte. C'est le ton de nos
penseurs modernes.

Quelle idée les étrangers conce-
vroient-ils de la France, gouvernée par
le meilleur & le plus aimé des Rois, s'ils
s'en rapportoient aux déclamations de
ces Tribuns séditieux ?

Mais est-il étonnant que des hommes
qui osent attaquer la Religion de J. C.
oublient le respect qu'ils doivent à ceux
qui font sur la terre les images vivan-
tes de la Divinité ?

C ij

ADDITIONS à cet Article.

Par ménagement nous n'avions pas voulu relever, dans Bélisaire, deux endroits, entr'autres, fort repréhensibles, au sujet du Gouvernement ; mais comme, au lieu de se rétracter, ainsi qu'il l'avoit promis, M. M. crie contre nous à la calomnie, sans rendre justice à notre attachement & à notre zèle pour la saine Philosophie, celle qui respecte la Religion & le Gouvernement *, nous nous croyons obligés, dans cette nouvelle édition, de faire connoître au Public ces deux endroits , afin qu'il juge de la modération dont nous avions usé dans cet Examen.

---

* Examen de Bélisaire, Journal de Trevoux, Mai 1767.

[53]

Page 30 ; Bélisaire tient ce discours au Chef des Bulgares : » Vous qui m'in-
» vitez à punir mon Souverain d'avoir
» été injuste, donneriez-vous à vos Sol-
» dats le droit que vous m'attribuez ?
» Le leur donner, dit le Bulgare ! ils
» l'ont sans que je leur donne ; mais
» c'est *la crainte* qui les retient. Et nous,
» dit Bélisaire, *c'est la vertu* ; & tel est
» l'avantage des mœurs d'un peuple ci-
» vilisé, sur les mœurs d'un peuple qui
» ne l'est pas. »

Le Bulgare avance deux choses ; la première, que ses Soldats ont le droit en question ; la seconde, que c'est la crainte qui les retient. Bélisaire ne réfute pas la première partie ; il semble par-là reconnoître que les peuples civilisés ont ce droit, comme les peuples barbares ; il se contente de dire, que les peuples civilisés font retenus par la vertu : tandis qu'il devoit dire que l'obéissance & la soumission aux Souverains est un devoir de la justice la plus stricte, la plus inviolable, la plus inconteſtable ; que de violer la perſonne ſacrée des Rois, c'eſt un attentat horrible, un parricide. Un fils qui diroit, que la crainte empêche les enfans barbares d'être parricides, & que, lui, il eſt retenu & arrêté par la vertu, paroitroit - il bien louable aux yeux d'un Pere ?

D'ailleurs, qu'eſt-ce que la vertu, ſelon nos Ecrivains du haut ſtyle * ? Ceux-ci diront que c'eſt une affaire d'intérêt ; ceux-là qu'il y a des vertus de préjugés : les uns que c'eſt une affaire de calcul, comme *tout crime, ou particulier, ou public, eſt un faux calcul de l'eſprit ;* ** ſelon d'autres, c'eſt une combinaiſon des lieux, des climats, des temps, des mœurs. Les droits impreſcriptibles de la Royauté ne ſeroient-ils

---

* Et même ſelon M. Marmontel, qui fait enfanter les vertus par les paſſions, *Voyez ci-deſſus,* pages 43 & 44.

** Diſcours de réception de M. Thomas à l'Académie.

pas bien en sûreté, s'ils n'étoient appuyés que fur de pareils fondemens ?

A la page 228, Bélifaire parle ainfi : ,, *Je dirois hautement (à mes fujets) : je* ,, *vous mets à tous les armes à la main* ,, *pour me fervir fi je fuis jufte, & pour* ,, *me réfifter fi je ne le fuis pas. Vous me* ,, *trouveriez bien téméraire ?* « Oui, fans doute, de faire le peuple le juge de fon Souverain. M. Marmontel ne connoît donc pas le peuple ? *Bellua multorum eft capitum.* N'avoit-il pas déja affez infinué la prétendue fouveraineté du peuple, cette chimere favorite reffufcitée du tombeau de Buchanan, de Milton, &c. le plus monftrueux, & en même-temps le plus pernicieux dogme dont on puiffe infatuer le monde, dit Bayle, lui-même, dans fon Avis aux Réfugiés * ; d'où il s'enfuivroit, felon le même Ecrivain, ,, que les Monarques ne font que les pre-

* Tome II, à la Haye 1737.

C

» miers Officiers du peuple, qu'ils lui font
» comptables de leur adminiſtration...
» qu'on ne peut contraindre à l'obéiſſance
» ceux qui trouvent injuſtes les ordres
» qu'ils en reçoivent. » Cependant M.
Marmontel avoit remarqué, avec raiſon,
(page 30) que nul homme, dans un Etat,
n'eſt juge & vengeur de lui-même; & que,
ſi chacun ſe rendoit arbitre, dans ſa propre cauſe, il y auroit autant d'arbitres
qu'il y auroit de mécontens. Voilà comme dans ſon Livre la vérité ſe trouve avec
le menſonge, le bien à côté du mal,
des vûes patriotiques avec des maximes
très-repréhenſibles. C'eſt ce que l'on re-
marque dans tous les Ecrits de nos Eſprits forts ; par-là ils veulent ſe ménager
des iſſues & des faux-fuyans.

Béliſaire ajoute : « Je me croirois bien
» prudent de m'aſſurer ainſi à moi-mê-
» me & aux miens, un frein contre nos
» paſſions, & ſur-tout une digue contre
» celles des autres. Avec ma couronne,
» & au-deſſus d'elle, je tranſmettrois à

>> mes Succeſſeurs la néceſſité d'être juſ-
>> tes … Je ſçais que la vertu n'a pas
>> beſoin du frein de la crainte ; mais
>> quel eſt l'homme ſûr d'être vertueux
>> à tous les inſtans de ſa vie ? >>

Ainſi Béliſaire, s'il étoit Roi, met-
troit *à tous ſes Sujets les armes à la main*,
pour *s'aſſurer, à lui & aux ſiens, un frein
contre les paſſions*, pour s'impoſer à lui &
à ſes Succeſſeurs *la néceſſité d'être juſtes*,
pour être forcé *d'être vertueux à tous les
inſtans de ſa vie*. Mais voilà des prétextes
dont peut-être l'eſprit de révolte oſe-
roit pallier des maximes contraires au
bonheur & à la tranquillité des peuples.

M. Marmontel voudroit e chérir ſur
l'enthouſiaſme du bien public, & ſur le
ton ampoulé auquel affectent de ſe monter les Arétin * & les Don Quichotte

---

* Pierre Arétin, Ecrivain du ſeizieme ſiecle,
porta les traits de la ſatyre juſques ſur les actions mêmes des Souverains. Il ſe vantoit que

de notre siècle , ces prétendus réforma-
teurs de la société, dont ils sont réel-
lement les plus dangereux ennemis ; &
au lieu de dire sans enflure : si j'étois
Roi, uniquement occupé du bonheur de
mes peuples , je les forcerois de m'aimer & de bénir mon regne ; j'impose-
rois , à mes Successeurs , la douce &
heureuse nécessité d'être vertueux , s'ils
vouloient goûter les mêmes délices que
moi ; il emploie des expressions que son
cœur & son intention doivent certainement excuser ; mais qui ont de quoi
alarmer , ou du moins attrister la pru-
dence circonspecte , & la juste délicatesse
d'un Sujet pénétré envers son Prince des
sentimens de vénération & de respect,
que la Nature & la Religion ont gravés
dans son cœur en traits ineffaçables.

---

ses Libelles faisoient plus de bien au monde
que les Sermons. L'Eglise a condamné la lecture de ses Ouvrages impies & deshonnêtes.
Dictionnaire de Moréry.

Et c'eſt contre ce Sujet , fidèle à ſon Dieu & à ſon Roi , que M. Marmontel éleve hautement la voix. Semblable à un plaideur qui perd ſa cauſe, & qui invective contre ſes Juges, il s'écrie : que celui qui a l'audace de m'attaquer ſe montre ; qu'il paroiſſe ſur la ſcène ; qu'il ſe nomme cet Ecrivain ténébreux. Hélas! s'il eſt malheureux de dire la vérité ; *ſi la vérité elle-même a déja aſſez de tort d'être la vérité* , l'Examinateur de M. Marmontel a eu raiſon de ſe cacher : mais ſi au contraire il eſt glorieux de défendre avec franchiſe les intérêts de la vérité & les droits du bon goût , le Public ne doit-il pas conclure plutôt , que le Critique de M. Marmontel eſt un homme ſans prétentions , & qui ne cherche pas la vaine gloire en combattant , puiſqu'il n'ôte pas ſon caſque , avant d'entrer en lice avec ſon adverſaire.

Si M. Marmontel peut prouver que ſon Roman eſt conforme aux règles de l'Art, que fon quinzieme Chapitre n'a aucun trait de conformité avec les fentimens de J. J. Rouffeau, flétris par la Cenfure de la Faculté de Théologie de Paris, & avec ceux de l'Auteur du Poëme impie & dangereux, fur la Religion Naturelle ; s'il peut prouver qu'il n'y a rien dans fon Livre qui puiffe choquer le Gouvernement, le Critique eft prêt à fe rétracter, & à convenir de tous les endroits où il peut lui-même s'être trompé. Pour ce qui regarde la partie littéraire, il foufcrira de tout fon cœur au jugement des Maîtres de l'Art ; pour le refte il fe foumet aux décifions des Prélats qui feront fans doute entendre leur voix, & à la Cenfure motivée que prépare la Faculté de Théologie de Paris, qui, dans ces derniers temps, a fignalé fon zèle pour la Religion, par les Cenfures folides & profondes de J. J. Rouffeau, & du P. Berruyer.

Quand la Religion eft attaquée, tout Chrétien eft foldat ; le Critique a donc cru pouvoir élever sa foible voix, & il le fait sans faste & sans arrogance. Lorsqu'il écrit, il ne s'imagine pas, comme nos Sçavans emphatiques, voir à ses genoux *la Patrie* qui réclame son secours ; à ses côtés, *la Vérité* qui lui dicte ses oracles, ni devant lui le *phantome de la Postérité* qui lui donne la robbe de l'immortalité : content & tranquille, dans son cabinet solitaire, il ne demande point à être connu, parce qu'il n'a pas d'ambition : intrépide, parce qu'il défend une bonne cause, il ne craint rien ; & même il se sent disposé à donner sa vie, s'il le falloit, pour soutenir la Religion sainte qu'il professe, & pour conserver les jours du meilleur des Rois, par lequel la France a le bonheur d'être gouvernée.

Comme le but de cet écrit n'est pas de combattre toutes les maximes de Bélisaire, qui pourroient blesser le gouvernement, nous nous bornerons à un examen littéraire, & nous continuerons de suivre notre objet.

EXAMEN

DU CARACTERE

DE BÉLISAIRE.

L'IMITATION de la nature eſt le principe auquel ſe réduiſent tous les beaux
arts. Un roman eſt une eſpece de
poëme ; les regles ſont les mêmes pour
l'un & pour l'autre. Un des premiers
préceptes que doit obſerver un poëte,
c'eſt de ne jamais faire ſortir de leur caractere les perſonnages * qu'il introduit
ſur la ſcène, de donner à chaque acteur
les traits & les couleurs qui lui ſont propres. Manquer à ce devoir, c'eſt être
indigne du nom de poëte ; ne pas ſe

---

* *Deſcriptas ſervare vices, operumque colores,*
Cur ego, ſi nequeo ignoroque, poëta ſalutor ?

Hor, in arte Poët.

conformer aux tems , aux mœurs, aux circonftances, c'eft pécher contre le coftume, comme pécheroit un peintre , qui, dans un tableau, habilleroit à la françoife un ancien romain , ou un vieux gaulois.

Voilà cependant le ridicule que M. Marmontel donne fur-tout à Bélifaire ; il fait parler un des plus fameux héros de l'antiquité ; comme parleroit un bel-efprit de nos jours. Nous pourrions citer nombre d'endroits de nos écrivains modernes fur la politique, fur le gouvernement, fur la nobleffe, la finance , la vertu , la cour , que l'on reconnoît dans les difcours de Bélifaire : le détail nous meneroit trop loin ; nous nous bornons à montrer la reffemblance frappante qui fe trouve entre le quinzieme chapitre & la doctrine antichrétienne de nos prétendus philofophes.

Nous avons déja cité plufieurs phrafes , tantôt d'un langage précieux & affeté , tantôt métaphyfique & alambiqué , fou-

vent montées au ton de nos patriarches *
de la nouvelle philofophie. Ces meſſieurs
ont un jargon qui leur eſt propre , & qui
n'eſt entendu que d'un petit nombre
d'adèptes ; ils ont des articles favoris ,
des lieux communs , des mots privilégiés
qu'ils ſe tranſmettent de main en main :
ce ſont , pour ainſi dire , des manteaux
de théâtres qu'ils ſe prêtent les uns aux
autres , quand quelqu'un de leur *cote-
rie* paroît ſur la ſcène. Mais avant tout,
ceux qui veulent être initiés à leurs myſ-

---

* Voy. le Diſcours du Patriarche des Cacouacs
pour la réception d'un nouveau diſciple : 1758.
L'auteur ingénieux de l'hiſtoire des Cacouacs,
pour tourner en ridicule nos incrédules modernes , a imaginé un peuple ſingulier & biſarre ,
dont il décrit les mœurs & le jargon, dont il
donne le Catéchiſme & les déciſions de cas de
conſcience ; de cette maniere il dévoile pluſieurs
de leurs myſteres.

Cette plaiſanterie les a bien humiliés. Ce ſe-
roit un bon tour à leur jouer , que d'en faire une
nouvelle édition , revue & augmentée. Eh ! pour-

tères , & qui afpirent à la réputation de bel-efprit , font obligés de brûler quelques grains d'encens fur l'autel de l'incrédulité , de fléchir le genou devant fes *crocodiles* , & chanter quelqu'hymne en fon honneur.

M. Marmontel avoit été fidèle jufqu'à

---

quoi n'emploieroit-on pas contre eux les fifflets, puifque ce font les feules armes qu'ils redoutent, comme le dit cet auteur ?

Le faint prophéte Elie n'a-t-il pas raillé les 450 faux prophètes de Baal , qui crioient auffi haut que nos incrédules? Il convient à la vérité de rire & de fe jouer de fes ennemis, parce qu'elle eft affurée de la victoire. *Congruit veritati ridere quia lœtans ; de œmulis fuis ludere , quia fecura.* Tertul. ad Valent. c. 6.

Si vous leur donnez des raifons invincibles , comme a fait M. Bergier, & le favant auteur du Supplément à la philofophie de l'hiftoire; ils rient de pitié, lâchent un *quolibet* , & chantent victoire ; mais ils ne tiennent pas contre les fifflets. Leur orgueil ne peut réfifter à cette épreuve. Volt. fur-tout , en *convulfionne* , difoit l'abbé Desfontaines

ce jour à la promesse qu'il avoit faite à un prélat , * digne par ses talens & ses vertus , de l'emploi sublime qui lui a été confié , & qu'ont occupé à la cour les Bossuet & les Fénélon. Il avoit dans tous ses ouvrages respecté la religion : par quelle fatalité un génie comme le sien , qui doit à un mérite réel sa réputation, a-t-il eu la foiblesse d'oublier ses engagemens , de se prosterner devant le veau d'or , & de payer tribut à une philosophie insensée ? Son plan , son sujet, ses acteurs , les tems , les lieux , ne comportoient pas un si terrible écart ; il a violé toutes les règles , tous les préceptes de l'art , pour amener le quinzieme chapitre , dont le modèle lui a été fourni par Jean - Jacques Rousseau , dans la conférence du *Vicaire Savoyard* avec Emile. Ils entament l'un & l'autre pres-

* M. de Coët Losquet , ancien évêque de Limoges.

que de la même manière la conférence fur la religion. Jean-Jacques Roufſeau prend l'aſpect du foleil levant, & Béli-ſaire l'aſpect du foleil couchant, pour entrer en matière. Le Vicaire Savoyard vante ſa bonne foi, Béliſaire en fait autant : mais tous deux font de vrais tartuffes ; ils diſent quelque bien de la religion en général, comme pour acheter le droit enſuite d'immoler celle de J. C.

Le citoyen de Genève, plus téméraire, plus audacieux, répand à grands flots le venin de l'erreur & de l'impiété. Monſieur Marmontel, plus timide, plus circonſpect, mais peut-être auſſi dangereux, raproche les parties les plus ſubtiles de ce poiſon, en adoucit l'amertume, & d'un air de *bien-faiſance*, diſtribue les germes les plus propres à *inoculer* par tout l'incrédulité. Roufſeau, plus exact à ſuivre les préceptes de l'art, ne pèche pas contre la vrai-ſemblance ; il met ſes blaſphèmes dans la bouche d'un homme ſon contempo-

rain. M. Marmontel s'affranchit des règles, &, malgré la distance de treize
siécles, il fait répéter par le bonhomme
Bélisaire, les sophismes impies de nos
prétendus esprits forts, sur-tout ceux de
Jean - Jacques Rousseau, & de l'auteur du poëme de la religion naturelle.
Il n'est que l'écho de ces fameux Cory-
phées ; quelques traits rapportés de part
& d'autre, vont prouver ce que j'a-
vance.

BÉLISAIRE

Convaincu de Déisme, par la conformité de ses sentimens avec
ceux de J. J. Rousseau, * & de
l'auteur du Poëme sur la Religion naturelle.

M. DE VOLTAIRE.

Notre religion, avec toute sa révéla-

---

* Presque toutes les propositions de J. J.
Rousseau que nous citons, ont été condamnées

tion , n'eſt & ne peut-être que la Loi naturelle perfectionnée *. On trouve la
même propoſition dans la thèſe de l'Abbé
de Prades. **

BÉLISAIRE.

» La révélation n'eſt que le ſupplé-
» ment de la conſcience : c'eſt la même
» voix qui ſe fait entendre du haut du
» ciel & du fond de mon ame... Si la
» voix qui parle à notre cœur n'eſt pas
» une révélation , Dieu nous trompe ,
» tout eſt perdu.

---

par la cenſure de la faculté de Théologie, ſur
Emile. Conſultez la note de la page 26 de cet
examen.

* Mélanges.

** En ſuivant les raiſonnemens & le contexte
de cette thèſe perfide , on prend preſque tout à
contre-ſens ; alors on a le véritable mot de l'é-
nigme, & l'explication de ce myſtère d'iniquité.
Elle a ſervi de prototype à une foule d'ouvrages
impies dont nous avons été inondés depuis cette
époque, dans leſquels l'irréligion détruit réelle-
ment d'une main ce qu'elle avoit ſemblé bâtir de

JEAN-JACQUES ROUSSEAU.

Vous ne voyez dans mon expofé que la Religion naturelle ; il eft bien étrange qu'il en faille une autre ; montrez-moi ce qu'on peut ajouter pour la gloire de Dieu, pour le bien de la fociété, & pour mon propre avantage aux devoirs de la loi naturelle... Dieu n'a-t-il pas tout dit à nos yeux, & à notre confcience... guide affuré... juge infaillible ? *

l'autre. Politique funefte enfeignée par le dictionnaire encyclopédique : Toutes les fois, dit-il au mot ENCYCLOPE'DIE, qu'un préjugé national (*les vérités du Chriftianifme*) mérite du refpect, nous l'expofons à fon article particulier, refpectueufement, avec tout fon cortége de vraifemblance & de féduction ; mais nous renverfons bientôt cet édifice de fange, &c. de même M. Marmontel, pour faire illufion, dit d'abord : » Dieu nous a donné deux guides qui doivent » être d'accord enfemble ; la lumiere de la foi & » celle du fentiment » : mais auffi-tôt il détruit la foi & ne reconnoît plus d'autre guide que fa confcience. *Crimine ab uno difce omnes.*

* Em. tom. 3. p. 132. 133. 114. *de l'Edit. brûlée.*

M. DE VOLTAIRE.

Si la raison nous luit, qu'avons nous à nous
     plaindre !
Nous n'avons qu'un flambeau, gardons-nous de
     l'éteindre. *

BÉLISAIRE.

« Ma conscience est mon guide & mon
» soutien ; c'est elle qui m'annonce un
» Dieu, elle qui m'en prescrit le culte, **
» elle qui me dicte sa Loi … Elle me
» fait connoître le vrai, le juste, l'hon-

---

* Poëme sur la Religion naturelle.

** La conscience ne peut pas prescrire le culte extérieur, public & uniforme que Dieu veut
qu'on lui rende, & qu'il a établi pour être le
lien de la société. De plus, il faut à la conscience une regle qui la dirige. Voyez la nécessité de
la révélation, dans l'admirable Discours de M.
Bossuet sur l'Histoire universelle ; & la lettre 2,
p. 55, du Déisme réfuté par lui-même. Cet ouvrage seul suffit pour réfuter ce quinziéme Chapitre.
On peut aussi consulter les ouvrages solides que
M. l'Abbé François vient de faire paroître en faveur de la Religion, & sur la tolérance.

» nête , le menfonge & la vérité, le bien
» & le mal... » (*Pourquoi donc faudroit-
il une révélation ?*) Telle eft ma religion;
(*une religion purement naturelle*) qu'on la
propofe à tous les peuples , toutes les voix
de la nature vont s'élever en fa faveur.

JEAN-JACQUES ROUSSEAU.

A l'égard des dogmes , ma raifon me
dit qu'ils doivent être clairs , lumineux,
frappans par leur évidence. * ... Il y a
des myfteres qu'il eft non-feulement im-
poffible à l'homme de concevoir , mais
de croire.

BÉLISAIRE.

« Dieu auroit-il donné l'afcendant ir-
» réfiftible de l'évidence , à ce qui n'eft
» qu'une erreur ? ... Ce qu'un fentiment
» naturel & irréfiftible défavoue , la foi
» ne peut l'affurer ... La lumière de la foi

------

* Em. tom. 3 , p. 150.

doit

» doit être d'accord avec celle du senti-
» ment. » (*La foi cependant assure les mysteres qui combattent l'orgueil de notre raison ;
elle assure l'éternité des peines contre laquelle
se révolte notre sentiment naturel.*)

JEAN-JACQUES ROUSSEAU.

Leurs révélations * ne font que dégrader Dieu en lui donnant des passions
humaines.

Et l'auteur du poëme de la religion
naturelle, dit en parlant des Chrétiens
& de Dieu.

Nous l'avons fait injuste, emporté, vain, jaloux,
Séducteur, inconstant, barbare comme nous.

BÉLISAIRE.

» Des hommes superbes, jaloux, mé-
» lancholiques (*les Chrétiens*), me repré-
» sentent le Dieu que je dois adorer, com-

---

* La révélation des Chrétiens. Em. tom. 3.
pag. 133.

D

„ me un tyran trifte & farouche … Ils le
„ font colere & violent comme eux ; ils
„ lui attribuent leurs vices ».

J. J. R O U S S E A U.

Mon cœur ne feroit pas attiré vers le
Dieu terrible (*des Chrétiens*) : votre Dieu,
leur dirois-je , n'eft pas le nôtre ; il n'eft
pas le Dieu clément & bon que ma raifon m'a montré … Je me garderois bien
de quitter la religion naturelle , pour
embraffer celle-là. *

B É L I S A I R E.

„ Une religion qui m'annonce un
„ Dieu propice & bienfaifant, eft la vraie;
„ & tout ce qui répugne à mes idées & à
„ mon fentiment , n'eft pas de cette reli-
„ gion. S'il falloit qu'elle me rendît farou-
„ che , dur , impitoyable (*comme elle me*
„ *rendroit en m'annonçant un Dieu vengeur*)
„ je l'abandonnerois , & je dirois à Dieu:
„ dans l'alternative fatale d'être incrédu-

----

* Emile , tom. 3. pag. 149.

» le, ou d'être méchant (*jusqu'à te croire*
» *un Dieu terrible*) , je fais le choix qui
» t'offense le moins : (c'est-à-dire , *je me*
» *range du côté des incrédules.*)

J. J. ROUSSEAU.

Ne me demandez pas si les tourmens
des méchans seront éternels. Je l'igno-
re , & je n'ai point la vaine curiosité d'é-
claircir des questions inutiles. Si la justice suprême se venge , elle se venge dès
cette vie. Que le méchant soit heureux
ainsi que moi, loin d'exciter ma jalou-
sie, son bonheur ne fera qu'ajouter au
mien. *

BÉLISAIRE.

» Est-il besoin qu'il y ait tant de réprou-
» vés ? Je suis certain que Dieu ne punit,
» qu'autant qu'il ne peut pardonner… Il
» m'a créé foible , il sera indulgent. Je

-----

* Em. tom. 3 , p. 89 , 90.

» plains ceux qui font moins éclairés ou
» moins dociles ; mais j'efpere pour eux
» en la bonté d'un père... de qui le mal
» *ne vient point*, & qui fait au monde
» *tout le bien qu'il peut.* C'eft la même
» voix qui fe fait entendre du haut du
» Ciel & du fond de mon ame. Il n'eft
» pas poffible qu'elle fe démente ; & fi
» d'un côté je l'entends me dire que l'hom-
» me jufte & bienfaifant eft cher à la Di-
» vinité , de l'autre elle ne me dit pas
» qu'il eft l'objet de fes vengeances ,
» (*quand même il feroit mort idolâtre.*)

Remarquez quels font ceux que Bélifaire appelle *juftes* dans cet endroit. Ce font
des *Héros Payens* qu'il met *dans le Ciel,*
& dont plufieurs ont perfécuté les Chrétiens. C'eft *Caton* , qui eft forti de la
vie par un fuicide ; c'eft *Ariftide & Trajan* * , livrés à des vices groffiers & in-

---

* Tous les Hiftoriens conviennent des débau-
ches de Trajan ; & Plutarque rapporte le motif
honteux & criminel qui rendit Ariftide ennemi
irréconciliable de Thémiftocle.

fâmes. Ces hommes, qui paroissent *jus-tes* à Bélisaire, sont *coupables & méchans* aux yeux de la Religion ; * & même au tribunal d'une raison saine & éclairée.

----

* C'est ce que prouve très solidement S. Augus-tin. *Quis porrò eorum qui se Christianos haberi volunt justum dixerit infidelem, justum dixerit impium, justum dixerit diabolo mancipatum ? sit ille Fabricius, sit licet Fabius, sit licet Scipio, sit licet Regulus, quorum me nominibus, tanquàm in antiquâ curiâ loqueremur, putasti esse terrendum.* Lib. 4, contra Jul. tom. 10. pag. 593. Paris, 1696.

Et il ajoute dans le même endroit : *Christus gratis mortuus est, si homines, sine fide Christi, ad justitiam veram, ad sapientiam veram quâcumque re aliâ, quâcumque ratione perveniunt.*

L'ouvrage de S. Augustin contre Julien, est un modèle que doivent imiter ceux qui ont le courage de combattre nos Déistes modernes. Le S. Docteur presse son adversaire, & en triomphe par la force de ses raisonnemens ; rien de plus lumineux, de plus touchant, de plus persuasif. Mais aujourd'hui on ne lit plus que dans des journaux, dans des extraits, dans des diction-

J. J. Rousseau.

La Providence n'empêche pas l'homme de faire le mal, soit que de la part d'un être si foible, le mal soit nul à ses yeux, soit qu'elle ne pût l'empêcher sans gêner sa liberté... Si je me trompe, c'est de bonne foi ; cela me suffit pour que mon erreur ne soit pas imputée à crime.

Belisaire.

» Dieu sait que je n'ai ni la folie, ni

---

naires portatifs. Un livre in-folio, & sur-tout l'ouvrage d'un Pere de l'Eglise, effraie & fait reculer nos minces littérateurs; ils ménagent leurs forces pour lire dans Bayle ou dans le dictionnaire Encyclopédique, quoique le style empoulé & extraordinaire, le ton emphatique & tranchant, l'étalage fastueux d'érudition qui regne dans un grand nombre d'articles, fatiguent tellement les esprits les plus sensés, qu'ils conviennent de bonne foi ne pouvoir suivre la lecture de cinq ou six pages, sans être essoufflés, ou éblouis, ou entêtés.

” la malice de vouloir l'offenſer ; c'eſt
” une *rage* impuiſſante&abſurde que je ne
” conçois même pas... Si je me trompe ,
” au moins ſuis je aſſuré que mon erreur
” eſt *innocente* ».

J. J. ROUSSEAU.

Il faut être homme de bien (1). Quiconque eſt vraiment tel , en croit aſſez
pour être ſauvé. Je crois toutes les religions bonnes , quand on y ſert Dieu con-
venablement (2). Tout homme de bien ,
dans quelque religion qu'il vive de bonne foi, peut être ſauvé... Oh ! ſoyons bons
premierement , & puis nous ſerons heureux.

ET M. DE VOLTAIRE. (3)

Uſages, intérêts, culte, loix, tout differe,
Qu'on ſoit juſte, il ſuffit ; le reſte eſt arbitraire.

---

(1) Lettre , pag. 86.
(2) Em. tom. 3. p. 184.
(3) Poëme de la Religion naturelle.

BÉLISAIRE.

>> C'eſt avec tous les gens de bien,
>> de tous les pays , & de tous les âges,
>> que le pauvre aveugle Béliſaire ſe
>> trouvera devant le trône du Dieu juſte
>> & bon....Comment veux-tu que la bon-
>> té même n'ait pas ſoin des bonnes
>> gens!...Laiſſe venir le moment ou
>> *Dieu* enveloppera dans ſon ſein... les
>> cœurs purs, ſenſibles, honnêtes *. >>

M. DE VOLTAIRE.

Dans le Poëme de la Religion naturelle :

Penſes-tu que Socrate & le ſage Ariſtide ,
Solon qui fut des Grecs & l'exemple & le guide;
Penſes-tu que Trajan, Marc-Aurele & Titus,
Noms chéris, noms ſacrés que tu n'as jamais lus,
Aux fureurs des démons ſont livrés en partage ,
Par le Dieu bienfaiſant dont ils étoient l'image.

BÉLISAIRE.

>> Je ne puis me réſoudre à croire qu'en-
>> tre mon ame & celle d'Ariſtide , de
>> Marc-Aurele , de Caton, il y ait un

---

* Des vertus morales toutes ſeules & ſans la
foi, ne ſont pas couronnées dans le Ciel.

» éternel abyme ... La *cour* du Dieu qui
» m'attend fera compofée de ces Titus (1),
» de ces Trajan, de ces Antonin qui ont
» fait les délices du monde «. M. de Voltaire dit feulement qu'ils ne font pas livrés
en partage aux fureurs des démons : M.
Marmontel va bien plus loin que fon
maître, il veut qu'ils foient dans la *cour*
célefte, & qu'ils occupent les premiers
rangs ; car il les place devant le trône du
Dieu jufte & bon. Voilà ce qu'il appelle
fe peindre Dieu fous les traits les plus
doux ; voilà felon lui, & felon fes parti→

---

(1) Tous idolâtres & qui par conféquent a-
voient violé la loi naturelle ; qui défend de
rendre à la créature le culte d'adoration dû à
Dieu. Caton coupable d'un fuicide, crime contraire à la nature, ainfi que les infames débau-
ches dans lefquelles fe plongeoit Trajan & même Ariftide ; Marc-Aurele, refpectable par fa
fageffe, mais ridicule par l'extravagance de fes
fuperftitions ; Antonin', perfécuteur, comme eux,
des Chrétiens, dont ils pouvoient connoître la
religion. Si avec ces crimes on eft fauvé, il n'y
a plus de réprouvés.

D v

fans , ce qui fait aimer davantage l'Être fuprême : comme fi on pouvoit honorer la bonté divine , en outrageant fa fainteté & fa juftice ; * comme fi tromper les hommes c'étoit les éclairer.

L'Auteur des Lettres Juives avoit déja dit : Le ciel eft comme un palais qui a quatre portes où l'on peut aborder des quatre côtés du monde. Les Juifs y vont par le chemin de l'Orient, facile & uni ; les Chrétiens, par celui de l'Occident, raboteux & mauvais ; les Turcs, par celui du feptentrion, encore plus gâté ; les Religions des Indes & de l'Amérique, par celui du midi, rempli de boue, & entouré de précipices : mais enfin on y arrive.   (*Lettre* 64.)

------

* Zuingle dans la confeffion de foi qu'il adreffa un peu avant fa mort à François I, compofoit la cour célefte à peu près comme M. Marmontel ; car il dit à ce Prince qu'il doit efpérer de voir l'affemblée de tout ce qu'il y a d'hommes faints , courageux, fideles & vertueux depuis le commencement du monde.

J. J. ROUSSEAU.

Ce que Dieu veut qu'un homme faſſe
il ne lui fait pas dire par un autre hom-

» Vous verrez, pourſuit-il, les deux Adams,
» Abel .. un Moyſe... Iſaie avec la mere de
» Dieu... Jean-Baptiſte, un S. Pierre, un S.
» Paul. Vous y verrez Hercule, Théſée, So-
» crate, Ariſtide, Antigonus, Numa, Camille,
» les Catons, les Scipions. Enfin il n'y aura au-
» cun homme de bien que vous ne voyez-là avec
» Dieu. Que peut-on penſer de plus beau, de
» plus agréable & de plus glorieux que ce ſpec-
» tacle » ? Luther lui-même ne l'épargna pas ſur
cet article, & déclara nettement qu'il déſeſpé-
roit de ſon ſalut, parce qu'il étoit devenu
Payen, en mettant des Payens au rang des ames
bienheureuſes; car à quoi nous ſervent, lui dit-
il, le baptême, les autres ſacremens, l'écriture
& J. C. même, ſi les Impies & les Idolâtres ſont
ſaints & bienheureux.

Il eſt bien honteux pour nos génies créateurs,
de copier les abſurdités des Hérétiques les plus
décriés, & de ſe voir aujourd'hui réfutés &
inſtruits par Luther même. Pour enſeigner de

me , il le dit lui-même , il l'écrit au fond du cœur..... * Nos Catholiques font grand bruit de l'autorité de l'Eglife ... Ne voilà-t-il pas une autorité bien prouvée ... Pourquoi faut-il des intermédiaires entre Dieu & moi ! ... Quand Dieu fait tant que de parler aux hommes , pourquoi faut-il qu'il ait befoin d'interprêtes ?

------

pareilles extravagances, dit M. Boffuet, t. 3, p. 102. Edit in-4ᵉ. Paris 1743 , il faut n'avoir aucune idée ni de la juftice chrétienne , ni de la corruption de la nature. Zuingle auffi ne connoiffoit pas le péché originel ; Bélifaire ne le connoît donc pas non plus ? S. Auguftin a combattu ces mêmes erreurs dans fon livre quatrieme contre Julien. Cet Hérétique vouloit mettre au nombre des juftes, les Fabius, les Régulus, les Scipions, les Fabricius, &c. Mais ni lui, ni Zuingle n'ont eu l'audace de canonifer les perfécuteurs de l'Eglife Chrétienne : cette impiété étoit réfervée à nos tems malheureux. *Quis hæc fapiat , nifi defipiat ?* difoit S. Auguftin en réfutant Julien.

* Em. tom. 3, p. 164.

M. DE VOLTAIRE.

La nature en fait plus qu'ils n'en ont jamais
    dit . . . . . .
Aurons-nous bien l'audace en nos foibles cer-
    velles,
D'ajouter nos décrets à ses loix immortelles....
Quoi, le monde est visible, & Dieu seroit caché !

BÉLISAIRE.

» Hélas, à quoi pense un mortel de don-
» ner pour loi sa croyance ! S'il croit sur
» la foi des hommes, quels garans pour
» lui & pour moi ! Quand ils seroient in-
» faillibles, est-ce un devoir pour moi de
» les supposer tels ! & vous voulez me
» faire un crime de douter de ce qu'ils dé-
» cident ! . . . Laissez descendre la foi du
» Ciel, elle fera des prosélites . . . La vé-
» rité luit de sa propre lumière . . . Dieu
» n'a pas besoin de vous, pour soutenir sa
» cause, comme il n'en a pas besoin pour
» que le soleil se lève, & que les étoiles
» brillent au ciel. (*Ainsi la prédication de*

„ *l'Evangile est inutile , [& les promesses*
„ *que Jesus-Christ a faites à son Eglise sont*
„ *ou fausses ou vaines.* „)

J. J. ROUSSAEU.

Ou l'homme apprendra ses devoirs
de lui-même , ou il est dispensé de les
savoir (1). Nous ne voulons rien ensei-
gner à notre Emile qu'il ne pût apprendre à lui-même partout pays.

Apôtre de la vérité , qu'avez-vous
donc à me dire dont je ne reste pas le
juge ?

BÉLISAIRE.

„ Chaque homme répond de son ame.
„ C'est donc à lui & à lui seul à se décider
„ sur le choix (*d'une religion*). *Celui-là est*
„ *juste* , qui fait de son mieux pour l'être ,
„ car la droiture est dans la volonté. „

J. J. ROUSSEAU.

Négligez tous ces dogmes mysté-

---

(1) Em. tom. 3 , p. 164.

rieux … Maintenez toujours vos enfans dans le cercle étroit des dogmes
qui tiennent à la morale … Quant aux
dogmes qui n'influent ni fur les actions,
ni fur la morale, je ne m'en mets nulle-
ment en peine (1) … Chacun n'a que
fon jugement pour maître, quant aux
opinions qui ne tiennent point à la morale, qui n'influent en aucune maniere
fur les actions, & qui ne tendent pas à
tranfgreffer les loix (2)… Me dire de
foumettre ma raifon, c'eft outrager fon
auteur.

BÉLISAIRE.

» Les vérités myftérieufes, & qui ont
» befoin d'être révélées , ne tiennent
» point à la morale * ; examinez-les bien.

-----

(1) Em. tom. 3. pag. 184.
(2) Lettre, pag. 78.

* Quoi, les vérités myftérieufes, & qui ont
befoin d'être révélées, ne tiennent point à la
morale ? Les trois Perfonnes divines occupées de
notre falut ; les facremens établis pour notre

» Dieu les a détachées de la chaîne de
» nos devoirs , afin que fans la révéla-
» tion , il y eût par tout des honnêtes
» gens (*& par conféquent des gens fauvés ;*
» *car , felon M. Marmontel , ils le feront.*)
» Si la Providence a rendu indépendans
» de ces vérités fublimes , l'ordre de la
» fociété , l'état des hommes… Pourquoi
» les Souverains ne font-ils pas comme
» elle ? »

___

fanctification , & qui font autant de myftères ;
le dogme des peines éternelles ; la réfurrection
des corps ; l'efpérance du Ciel , &c , n'influent
pas fur nos mœurs ? Quelle abfurde impiété !

La profeffion de foi civile en France, eft la
Religion Catholique avec tous fes dogmes, fes
myftères, fa morale, fa difcipline. Un François
peut-il dire que cette profeffion de foi eft déta-
chée de fes devoirs ; & qu'il eft foumis à fon Souverain, tandis qu'il fe révolte & qu'il dogmatife
contre cette Religion que le Prince a juré, fur
les Saints Evangiles, à fon facre, de maintenir
& de faire obferver dans fes Etats ! Les ennemis
parmi nous de la Religion Catholique , font
auffi les ennemis de la France.

J. J. ROUSSEAU.

A Dieu ne plaise que je prêche jamais aux hommes le cruel dogme de l'intolérance (1) ... que je rende à l'intolérance le poignard (2) ... Ce dogme contraire à la bonne morale ... Dogme horrible qui arme les hommes les uns contre les autres ... Tous les partis ont été persécuteurs & persécutés ... La raison de la tranquillité publique est toute contre les persécuteurs. La religion n'excite jamais de trouble dans l'Etat, que quand le parti dominant veut tourmenter le parti faible, ou que le parti faible, insolent par principe, ne peut vivre en paix avec qui que ce soit.

M. DE VOLTAIRE.

La paix, (3) la paix enfin que l'on trouble &
    qu'on aime,
Est d'un prix aussi grand que la vérité même.

------

(1) Em. tom. 3, p. 187.
(2) Contr. soc. l. 4. c. 8. (3) Lettre, p. 72. 86.
(3) Poëme de la Religion nat.

Les persécutions étendent & perpétuent les nouveautés, parce que les hommes s'y attachent à proportion de ce qu'ils souffrent pour elles (1).

BÉLISAIRE.

» Si les princes faisant de ce monde un » enfer, tourmentent au nom du Dieu » de paix, ceux qu'ils devroient aimer » & plaindre, on croira de deux choses » l'une, ou que leur religion est bar- » bare, ou qu'ils ne sont pas dignes d'el- » le... Qu'ils laissent au démon l'infer- » nal emploi de ministre de ses ven- » geances ... Ne voyez-vous pas qu'en » donnant le droit du glaive à la vérité, » vous le donnez à l'erreur.... C'est l'at- » tention qu'on a donnée aux nouveautés, » qui a produit tant de novateurs.... » C'est l'importance que les souverains » ont le malheur d'y attacher .... C'est

––––––––––

(1) Siécle de Louis XIV, tom. 2. p. 239.

» la faveur qu'ils accordent à une secte,
» à l'exclusion de toutes les sectes riva-
» les, &c, qui fait que l'opinion est ja-
» louse, tyrannique, intolérante … (1)
» Avec des édits on ne fait jamais que
» des rebelles, des frippons … des mar-

---

(1) Au contraire, M. Freret dans son ouvrage impie contre les apologistes de la religion, ouvrage qui vient d'être réfuté victorieusement, par M. Bergier, principal du collége de Besançon, assure, comme le ministre Jurieu, que le christianisme doit son accroissement à la violence des empereurs chrétiens contre les payens, & que, sans cette sévérité, le paganisme seroit encore *debout*. Voilà comme le mensonge est en contradiction avec lui-même. M. Marmontel prétend que l'attention, l'importance, les édits, les persécutions produisent tant de novateurs, & M. Freret prétend, lui, que ce sont les édits, les loix, les violences des empereurs chrétiens qui ont empêché le paganisme d'être encore *debout* aujourd'hui; & il diminue beaucoup le nombre des persécutions contre les chrétiens, & celui des martyrs de Jesus-Christ.

» tyrs ... des hypocrites ... des fanatiques...
» Les miniſtres d'un Dieu de paix re-
» commandent une contrainte tyranni-
» que , & une inflexible rigueur .....
» Les eſprits ne ſont jamais plus unis ,
» que lorſque chacun eſt libre de penſer
» comme *bon lui ſemble* * ... Que (*tout*)
» culte ſoit volontaire & libre. »

Il ſuivroit de ces principes que nous devons tolérer les hérétiques , les quaquers , les libertins , les déiſtes , les athées ; vivre en ſociété avec toute ſorte de monſtres ; tolérer toutes les opinions, celles qui renverſent la religion chrétienne ; celles que le contrat ſocial de Jean-Jacques Rouſſeau oſe avancer ; celles qui ſont attentatoires à la vie & à la couronne des ſouverains. On doit frémir d'horreur à la vue des conſéquences af-

----

* Salluſte dit au contraire : *Poteſt-ne in diverſis mentibus pax aut amicitia eſſe ?* Bel. Jug.

Eadem velle ac nolle ea demùm firma amicitia eſt.   Bel. Cat.

freuſes du ſyſtême de tolérance que nos
déiſtes s'efforcent d'accréditer. Il n'eſt
perſonne qui en ait plus beſoin qu'eux,
& qui en mérite moins, * parce qu'il n'eſt
perſonne qui faſſe plus de mal à l'état &

» * L'Empereur voulant prévenir que la cor-
» ruption des mœurs ne ſe gliſſe dans ſes Etats
» à la faveur d'une certaine liberté trop générale
» en ce ſiécle, de penſer, de parler & d'écrire en
» matière de Religion, vient d'adreſſer à tous
» les Colléges un ordre de pourſuivre avec la
» derniere rigueur, tous ceux qui haſarderoient
» des propos injurieux à la Divinité, ſoit dans
» les converſations particulieres, ou dans des
» ouvrages, *ſous quelque titre que ce puiſſe être,*
» & de punir quiconque en auroit en ſa poſſeſ-
» ſion, ſans les dénoncer, de même que ceux
» qui en ſeroient les auteurs & diſtributeurs.
Gazette d'Amſterdam du 9 Juin 1767, article
de Vienne du 23 Mai.
» A la puiſſance temporelle ſeule appartient
» d'employer des peines temporelles & la force
» viſible contre ceux qui contreviendroient aux
» régles de l'Egliſe. En conſéquence la puiſſance

à la religion, dit l'auteur qui a réfuté les erreurs de M. de Voltaire (1).

Je ne finirois pas, si je montrois tous les traits de ressemblance de Bélisaire avec nos déistes. Ce que j'ai dit est suffisant, pour prouver que M. Marmontel fait parler son héros sur le ton de nos nouveaux philosophes ; qu'il l'habille de leurs *haillons*, & que, même aux yeux de ses admirateurs, il ne doit pas avoir, dans ses maximes révoltantes, le plus petit mérite de la nouveauté.

Nos incrédules se vantent d'être les hérauts de la vérité (2) & les bienfaiteurs du genre humain, parce qu'ils pronon-

---

>> temporelle, protectrice des canons, doit à l'E->> glise le secours de son autorité. >>

Arrêt du Conseil d'Etat du Roi du 24 Mai 1766.

(1) Tom. 2. p. 288.

(2) Ils affichent la vérité ; ils étalent par-tout la vertu ; il semble qu'ils en aient à revendre : & leurs écrits enfantent tous les jours des monstres, & déshonorent la France. C'étoit aussi le

cent avec emphaſe le nom de la vérité, &
celui de la bienfaiſance ; parce que ſans
ceſſe ils crient : *Ne ſoyons ni perſécuteurs
ni cruels, ni barbares ; ne tourmentons pas
les hommes, ne les égorgeons pas, ne les
brûlons pas ; laiſſons aux démons leur infernal emploi.* Pour dire de cent façons
différentes, la même choſe, faut-il un
grand effort de génie ? débiter ces maximes qui ne ſont que le cri de la nature
c'eſt ce que leurs panégyriſtes enthouſiaſ-
tes appellent *faire aimer Dieu en dépit de
la Sorbonne.* Mais s'ils oſoient prêcher le
meurtre & la perſécution, il faudroit les
enchaîner comme des furieux. Et quel
eſt l'homme de bon ſens qui ait jamais

---

cri de guerre des Manichéens : *Et dicebant, veritas, veritas ; & multùm eam dicebant mihi, &
nunquam erat in eis.* S. Aug. Conf. l. 3. c. 6.

*A force de crier par tout Philoſophie, je crains
que nos Sages ne lui faſſent tort. Pour être reſpec-
tée, il ne faut pás qu'elle ſe proſtitue,* dit M. d'A-
lembert dans ſes Mélanges de littérature,
1767, tom. 5. page 456. Rien de plus vrai :

cru qu'il fallût perſécuter, tourmenter, égorger, brûler ſes ſemblables ? La juſtice vindicative que les ſouverains & que

---

Mais hélas ! peut-elle ſe proſtituer davantage, que de ſervir à l'impiété, que d'enhardir au crime ! Ne ſait-on pas que les jeunes empoiſonneurs & blaſphémateurs de Picardie, condamnés au feu l'année derniere, ont avoué que c'étoit la lecture de quelques écrits modernes contre la Religion, qui les avoit portés aux horreurs dont ils étoient coupables ! Que n'avons-nous pas à craindre pour la génération prochaine, ſi nos enfans ne craignent pas de boire dans la coupe empoiſonnée de nos prétendus eſprits forts ! C'eſt la réflexion très-ſenſée de M. l'Archevêque de Paris, & de M. Joly de Fleury, premier Avocat général, à l'auteur de cet examen, qui gémiſſoit devant eux des progrès que le Voltéraniſme faiſoit parmi la jeuneſſe.

Lorſque M. le Préſident Hénault, & MM. Caperonier & le Beau, eurent l'honneur de préſenter au Roi les deux derniers volumes des Mémoires de l'Académie des Inſcriptions & Belles-Lettres, Sa Majeſté témoigna devant eux l'indignation la plus grande contre le Dictionnaire *Philoſophique* de M. de V. qui commençoit alors à paroître; & qui depuis a été brûlé.

les

les magiſtrats exercent au nom de Dieu, eſt bien différente *de la contrainte tyrannique, de la cruauté & de la barbarie.* Le véritable zèle eſt bien oppoſé au fanatiſme ; le premier, toujours conduit par la ſageſſe, fait employer, comme il convient, tantôt la douceur, tantôt la févérité : l'autre eſt toujours fougueux & inſenſé. Nos incrédules modernes ſont de vrais fanatiques, ils veulent qu'on les tolere eux & leurs opinions monſtrueuſes ; & ils ne veulent point tolérer la religion catholique : ils ſe déchaînent avec fureur contre les myſtères de la foi, & contre l'Egliſe de Jeſus-Chriſt, & ils crient à la perſécution, ſi on oſe ſeulement les réfuter. Ils ne croient pas un Dieu vengeur ; prétendent-ils de même ôter le glaive aux princes de la terre ? Quelle folie abſurde, impuiſſante, & inconcevable !

M. Papin, un des plus grands hommes qu'ait eu le Calviniſme en France, & qui avoit été élevé dans le ſyſtême du

Tolérantisme , trouva dans l'examen de ce syftême les premiers motifs de fon retour à l'Eglife & de fa converfion. Il comprit & démontra enfuite dans un excellent ouvrage que la premiere conféquence de cet affreux fyftême eft le renverfement de l'état , & l'anéantiffement total de la Religion.

Si les principes de Bélifaire fur la tolérance font attentatoires même au gouvernement ; ce qu'il dit au fujet des peines réfervées dans l'autre vie aux méchans , n'eft pas moins contraire au bien de la fociété , & oppofé à la foi.

Bélifaire veut fe repréfenter feulement *comme bon , le Dieu qu'il doit adorer ; il s'en tient-là*. Il ne veut *voir en Dieu que ce qu'il doit imiter ;* & comme il ne doit pas imiter la vengeance divine , il ne veut pas la voir en Dieu. Ce feroit , felon lui , faire *violent & colere comme les hommes , le Dieu bon.*

» Une Religion qui annonce (*dit-il*) » un Dieu propice & bienfaifant , eft la

» vraie ; & tout ce qui répugne au fen-
» timent que j'en ai conçu, n'eft pas de
» cette Religion. »

Or , l'éternité des peines, les feux
de l'enfer, répugnent au fentiment qu'il
a conçu d'un Dieu , *qui ne puniroit
qu'autant qu'il ne pourroit pardonner :* de
qui *le mal ne vient point, & qui fait au
monde tout le bien qu'il peut* , & que l'homme doit *fe peindre fous les traits les plus
doux.* Auffi fe contente-t-il de dire que
les méchans ne feront point-là , (dans
la cour célefte.) C'eft-à-dire , ils ne feront point récompenfés ; mais il ne dit
pas qu'ils feront punis.

Donc Bélifaire n'admet point l'éternité des peines réfervées dans l'enfer aux
méchans : donc il ne veut pas qu'ils foient
l'objet éternel des vengeances divines.

Ce fentiment contre lequel les Ma-
giftrats doivent s'élever, non avec moïns
de zèle que les Miniftres de l'Evangile ,
eft cependant l'opinion que Bélifaire s'ef-
force d'accréditer , opinion qui n'eft pas

même tolérée chez les Proteſtans, puiſqu'un Miniſtre de Neuf-chatel, qui dernierement avoit attaqué l'éternité des peines, a été obligé de ſe rétracter publiquement : & M. de Voltaire, lui-même, avoue dans un de ſes ouvrages que le gouvernement avoit eu raiſon d'exiger ce déſaveu formel & authentique.

Si l'on tiroit des conſéquences exactes de tous les autres principes anti-chrétiens, contenus dans le quinzieme Chapitre, combien d'erreurs dangereuſes on prouveroit que Béliſaire enſeigne très-poſitivement, quoique, pour ſe dérober aux yeux du vulgaire, il emploie de temps en temps des mots qui ne ſont que des palliatifs !

Qu'on ſe rappelle ici l'artifice enſeigné par le Dictionnaire Encyclopédique, Eloge de M. Monteſquieu, Diſcours préliminaire du Tome 5, page 13, où on lit : « D'autres fois nous envelop-
» pons des *vérités importantes*, dont l'é-
» noncé abſolu & direct pourroit bleſ-

» fer fans fruit. Par cet innocent arti-
» fice, elles ne font pas perdues pour le
» fage ; cette obfcurité volontaire n'en
» eft pas une. » Préparer ainfi le poifon
avec un art féducteur, c'eft, felon le Livre de l'Efprit, envoyer la colombe à
la découverte, pour voir fi le déluge
des préjugés couvre encore la face de la
terre.

Auffi, le plus fûr moyen de dévoiler
l'artifice de ces prétendus Philofophes,
& de faire avorter leurs projets infen-
fés, c'eft d'éventer leurs mines, & de
renverfer les foibles paliffades derriere
lefquelles ils fe cachent pour porter des
coups perfides. Il faut pénétrer, avec le
flambeau de la Logique, dans leurs la-
byrinthes tortueux, les fuivre à la pif-
te, les arrêter fur le fait, & leur arra-
cher les livrées de la Vertu dont ils
ofent fe parer. Dépouillés des fleurs &
des ornemens, avec lefquels ils font
illufion, il faut les traîner tout nuds
au Tribunal de l'incorruptible Vérité,

les forcer de fe foumettre au joug , & de rendre hommage à la faine Philo-fophie , dont ils font les lâches défer-teurs , & les ennemis les plus redouta-bles.

Si vous les attaquez en détail , fi vous prenez des propofitions ifolées , fi vous ne faififfez pas l'enfemble , fi vous ne les enveloppez pas , ils vous échapperont & crieront au fanatifme & à la perfécu-tion. Ils feront pleuvoir de tous côtés des apologies menfongeres : enfuite ils vous tourneront en ridicule dans des anecdotes * futiles , qui n'ont d'autre mérite que le nom des auteurs auxquels elles font attribuées : ou bien , pour fe jouer de la Religion , & duper le pro-fane vulgaire , ils oppoferont aux pro-

---

* Il paroît en faveur de Bélifaire deux anec-dotes bien plates & bien infipides. La premiere contient des ironies groffieres : la feconde offre une fcéne des plus dégoûtantes. Des gens fenfés fe payent-ils d'une pareille monnoie ?

[103]

poſitions que vous condamnez , des propoſitions qu'ils donnent pour contradic-
toires , * & qui frappent par une vérité
apparente ceux qui ignorent que des propoſitions captieuſes ſont vraies dans un

---

* On a de plus fait imprimer un parallele , ou
obſcur & entortillé , ou faux & impoſteur , entre
les 37 propoſitions énoncées dans un projet de
cenſure que la Faculté de Théologie n'a pas adop-
té , & celles que l'on donne comme les contradic-
toires , & comme 37 vérités ; mais c'eſt un artifice uſé qui ne fera d'impreſſion que ſur des génies ſuperficiels.

Le même eſprit d'irréligion avoit bien oſé
faire l'apologie de la theſe de l'Abbé de Prades ; & juſtifier , il y a deux ans , les propoſitions
de la Gazette littéraire , dénoncées à M. l'Archevêque de Paris , dont quelques-unes ſont ſemblables à celles de Béliſaire. Si ces Meſſieurs ne crai-
gnoient l'animadverſion du Gouvernement , on
les verroit peut-être encore profaner le langage
ſacré des Prophêtes dans quelque brochure en-
thouſiaſte , comme ils ont fait pour ſe venger de
la Comédie des Philoſophes.

E iv

sens & fausses dans un autre , & que la condamnation & la censure ne tombent que sur le sens faux qui est manifesté par le contexte & par les raisonnemens de l'auteur.

Mais , diront les partisans de Béli-saire , c'est-à-dire , ceux qui pensent comme lui , doit - on examiner un Roman comme une thèse de Théologie ? Le censurer comme un Livre sérieux ? Il est vrai que c'est un Roman ; l'insipide & ignoble parodie intitulée *Hilaire* n'a été faite que pour le prouver ; & c'est précisément par - là qu'il est plus dangereux , parce qu'il est plus à la portée des lecteurs frivoles qui font le grand nombre. Si le Roman Evangelique du Pere Berruyer étoit écrit d'un style aride , austere , fasti-dieux , & sur - tout s'il étoit en latin , comme ses dissertations , il seroit bien moins scandaleux.

S'avise-t-on de lire aujourd'hui la cap-tivité de Babylone de Luther ? le traité Theologico-politiquede Spinosa?le Lévia-

than de Hobbes ? Un Roman , un Poëme,
une Tragédie , une Histoire, des Lettres,
des Contes qui contiennent des germes
d'irréligion , ou de révolte contre le gouvernement, feront toujours très-dange-
reux , parce qu'ils feront toujours très-
répandus , fur-tout , fi le ferpent eſt caché fous les fleurs , comme il fe trouve
dans Bélifaire & dans pluſieurs écrits de
nos illuminés.

Voyons d'autres abſurdités dans l'ouvrage de M. Marmontel.

CONTRADICTIONS
& défauts de vraiſemblance
dans le caractère de BÉLISAIRE.

Est-il vraiſemblable que Bélifaire
qui étoit foumis ,, aux loix (1) de la re-

---

(1) M. le Beau , tom. 10, *de l'hiſtoire du bas Empire.*

[106]

« ligion & de l'état ; qui étoit lui-même
« un exemple de justice, de modération
« & de continence » ; qui, pour signaler
son respect pour la religion de Jesus-
Christ, après la conquête d'Afrique, fit
porter en triomphe, parmi ses autres
trophées, les livres des saints évangiles
enrichis d'or & ornés de diamans précieux (1), parle en philosophe payen;
représente l'intolérance de la religion
chrétienne, comme une *calamité* affli-
geante, à laquelle il veut intéresser Tibere ; qu'il se fasse l'apologiste enthousia-
ste d'une doctrine anti-chrétienne ; &
qu'il place dans le ciel des hommes coupables d'excès les plus infames. Est-il con-

---

(1) Καὶ βίβλοι τῶν θείων Εὐαγγελίων χρυσῷ πε-
ριλαμπόμεναι πάντοθεν, καὶ λίθων παντοίοις γένεσι
ποικιλλόμεναι.

Et libri sanctorum Evangeliorum undique
auro refulgentes, & omni genere lapillorum
distincti. *J. Zonaræ annalium*, tomo *3.* p. *54.*

venable de lui faire répéter tous les lieux communs de nos incrédules modernes ? tandis qu'il pouvoit puiser dans les maximes évangéliques de si grands motifs de consolation ; des moyens touchans pour attendrir les cœurs ; & déployer le véritable héroïsme que le christianisme seul inspire, soutient & couronne dignement. Si Bélisaire, qui pardonne à ses ennemis, eût parlé comme Corneille fait parler Polieucte, quel est le lecteur qui n'auroit pas été enlevé ?

Est-il croyable que Bélisaire, après avoir été victime de l'envie & de la calomnie, ose encore donner prise sur lui dans sa solitude, où il ne doit songer qu'au tombeau, comme il le dit lui-même ? Comment a-t-il l'imprudence de s'exposer à de nouvelles disgraces, en s'ingérant de régler l'état, en critiquant la cour & le gouvernement, en donnant lieu, par ses propos, peut-être à des applications dangereuses, & à des allusions malignes ? Il est vrai

qu'il exige de ſes deux auditeurs leur pa-
role de ne rien divulguer, ſous le regne
de Juſtinien, de ce qu'il va leur débiter
dans ſes converſations : mais ſi ſes conſeils peuvent être utiles à l'état, pourquoi ne pas ſervir ſa patrie le plutôt
qu'il eſt poſſible ? Pourquoi ſacrifier l'intérêt commun à la crainte d'affliger l'empereur ? Si ſes conſeils ne devoient avoir
leur effet qu'après la mort de Juſtinien,
ne riſquoit-il pas de les donner à pure
perte ?

Eſt-il probable que Béliſaire, que
ſes malheurs auroient dû inſtruire,
aime aſſez peu ſa fille pour la donner en
mariage à un jeune ambitieux, comme
Tibere, avide de ſe *pouſſer* auprès des
grands, d'être admis dans l'intimité des
Princes ; qui ſe croit né pour jouer un
rôle brillant ſur la ſcène du monde, &
qui, par conſéquent, s'expoſe aux orages
de la Cour, aux revers de la fortune ;
qui eſt deſtiné, peut-être, à éprouver
un jour le même ſort que ce héros infor-

tuné ? quelle philofophie ! Où eft donc le grand homme qui méprife les vanités du fiécle ? Où eft cette ame noble & fimple, qui donnoit à fa fille des leçons & des exemples de fageffe & de modération ; & qui, pour la rendre heureufe, fe contentoit de lui dire un moment auparavant, que Dieu étoit bon, qu'il auroit foin *des bonnes gens*, & qu'elle devoit regarder la vie comme un petit voyage, où l'on eft dans la barque affez mal à fon aife, mais dont le port fera délicieux ?

A qui fera-t-on accroire qu'un vieux militaire, accoutumé à l'horreur des combats, un vieux foldat brufque & fincere qui a vécu au milieu des allarmes, qui eft écrafé de malheurs & de difgraces, s'avife de rafiner fur le fentiment ; qu'il fe pare tantôt des fleurs de l'éloquence & de l'aménité d'un rhéteur, tantôt s'enveloppe dans une métaphyfique profonde & abftraite ; étale une connoiffance faftueufe de toutes les parties

du gouvernement ; parle fans aucun motif raifonnable , de politique , de finance , de religion ; & prefque point de l'art
militaire fur lequel il lui convenoit bien
mieux de donner des leçons ?

EXAMEN

DU CARACTERE

DE JUSTINIEN.

Défaut de bienféance.

MAIS ce qui eft bien indécent , c'eft
le rôle méprifable que joue Juftinien.
Il eft à chaque mot hors de lui-même ; il
jette fans ceffe des cris de douleur , des
profonds foupirs ; il eft toujours pénétré ,
attendri , confondu. Il fort de tous les
entretiens la larme à l'œil , le cœur déchiré. C'eft vraiment une *parade* lar-
moyante.

Quelle humiliante fatisfaction ne fait-

il pas à la fin du roman? „ Il eſt mal-
„ heureux & le plus malheureux des
„ hommes : ſa douleur eſt le tourment
„ d'une ame déchirée. C'eſt moi, dit-
„ il, qui ai donné au monde cet horri-
„ ble exemple d'ingratitude , & de
„ cruauté. Ce maître injuſte, ce tyran
„ barbare qui vous a réduit à la mendi-
„ cité, c'eſt lui que vous embraſſez. Laiſ-
„ ſez-moi ſubir à vos pieds l'humiliation
„ que je mérite. J'oublie un trône que
„ j'ai ſouillé, une couronne dont je ſuis
„ indigne. C'eſt la pouſſiere que vous
„ foulez , que je dois mouiller de mes
„ larmes. C'eſt-là que mon front doit ca-
„ cher l'opprobre dont il eſt couvert. „

Ainſi parle ce Prince que Béliſaire,
retenant dans ſes bras, ſentoit ſuffoqué
de ſanglots. Y a-t-il jamais eu pénitent
auſſi contrit? comment a-t-il pu conte-
nir juſqu'alors ſa douleur , & empêcher
qu'elle n'éclatât? Pourquoi différer ſi
long-tems à faire cet aveu? Tandis qu'il
ſe pâme, qu'il ſe déſeſpere, Béliſaire

lui dit froidement : » Hé bien, Seigneur,
» allez-vous succomber au repentir d'une
» faute , vous voilà dans l'abattement ,
» *comme si* vous étiez le premier homme
» que la calomnie eût séduit , ou que
» l'apparence eût trompé ! mais votre er-
» reur fût-elle un crime , y a-t-il *de quoi*
» vous dégrader & vous avilir à vos pro-
» pres yeux » ! Et tout à coup cet ami de
la vérité , cet ennemi des flatteurs , devient un courtisan qui prodigue l'encens & les louanges à un Prince qui,
presque dans tout le roman , paroît imbé-
cille & digne de pitié.

 » Que votre ame , *lui dit-il* , se releve
» au souvenir de tout le bien que vous
» avez fait aux hommes ». Il détaille de
suite les belles actions de cet Empereur : » la gloire d'avoir délivré vingt
» peuples du joug des barbares , d'avoir
» réparé par ses bienfaits les ravages de
» tous les fléaux , d'avoir pendant 30 ans
» marqué son règne par des travaux uti-
» les. » Enfin il le flatte jusqu'à lui dire

aſſez platement ; ,, non, grand Prince ,
,, un moment de *ſurpriſe* ne doit pas vous
,, ôter l'eſtime de vous-même, & le cou-
,, rage de la vertu ,,.

DÉFAUT de vérité dans le caractère de Juſtinien :

Ou le quinzième chapitre réfuté par lui-
même.

Comment peut-on ſuppoſer que Juſtinien applaudiſſe au diſcours anti-chré-
tien de Béliſaire, tandis que par ſes propres paroles il réfute le fameux *quinziéme
chapitre* ? En effet, il trouve d'abord
étrange que ce Général ſe faſſe une religion ſi douce ; (1) qu'il vante avec excès
la lueur foible & trompeuſe de la raiſon :
(2) il ſe récrie de ce qu'il oſe placer dans
la *cour* céleſte, les héros payens : (3) * il

---

(1) pag. 233.   (3) p. 237.
(2) p. 239.
* Le livre intitulé *de la vertu des Payens,* ou-

dit à Tibere de ne point prendre pour
guide l'enthousiasme de ce vieillard, qui

---

vrage attribué à de la Mothe-le-Vayer, quoique
repréhensible à bien des égards, avertit cependant, page 48, premiére partie : » qu'il faut
» prendre garde que l'affection que nous pou-
» vons avoir pour quelques Gentils, à cause des
» vertus éminentes qui nous les recommandent,
» ne nous fasse tomber dans une erreur voisine
» de celle des Gnostiques », dont quelques-uns,
au rapport de S. Aug. (*Lib. de hæres.*) encen-
soient les images de S. Paul d'une pareille dévo-
tion que celle de Pythagore, &c. » Ce n'est pas
» sans beaucoup de raison, *continue-t-il*, qu'on
» a reproché à Zuingle d'avoir confondu d'un
» style profane, les vertus chrétiennes avec les
» vertus profanes... & Pélagius ayant soutenu
» que sans la foi du médiateur, & sans l'aide de
» la grace surnaturelle, les Payens vertueux
» avoient été sanctifiés par les seules forces de
» leur franc arbitre; il fut pour cela condamné
» par deux conciles. »

Voilà les erreurs insinuées par Bélisaire. Je ne
m'arrête point à la note ajoutée après coup, &
que l'on trouve dans quelques exemplaires, à la
fin : il s'en faut bien qu'elle soit capable de jus-
tifier l'auteur.

[115]

n'eſt pas profond dans ces matieres : (*Et il y paroît bien.*)

Il s'étonne de ce que Béliſaire traite de *rage* abſurde & impuiſſante, de folie & de malice impoſſible, le péché par lequel l'homme ſe révolte contre ſon créateur ; de ce qu'il ſe peint Dieu bienfaiſant, ſans ajouter qu'il n'en eſt pas moins un Dieu terrible ; (1) de ce qu'il le voit uniquement favorable, tandis que toute la nature atteſte ſes vengeances ; (2) de ce qu'il ſauve tant de monde, tandis que, s'il eſt doux d'aimer ſon Dieu, il eſt auſſi juſte de craindre la rigueur de ſes décrets. Juſtinien ne comprend pas comment Béliſaire détache de la chaîne de nos devoirs les vérités myſtérieuſes : (3) il lui oppoſe les rapports intimes & néceſſaires que les mœurs publiques ont avec la croyance ; rapports, dit-il, dont il

____

(1) p. 238.
(2) pag. 235.
(3) pag. 241.

n'eſt pas poſſible de douter. Il voit avec douleur Béliſaire traiter d'*emploi infernal*, qu'il faut laiſſer au démon, (1) le devoir le plus ſaint impoſé aux Princes, celui d'être les miniſtres des volontés du ciel. Il lui reproche de faire abandonner aux Princes la cauſe de Dieu ; (2) de ne plus donner de frein à la liberté d'agir, dès qu'il n'en donne aucun à la liberté de penſer ; (3) de troubler le repos des états qui dépend de l'union des eſprits, dès qu'il prétend au contraire que les eſprits ne ſont jamais plus unis que lorſque chacun eſt libre de penſer *comme bon lui ſemble*. Il le trouve bien hardi & bien téméraire de mettre en queſtion, (4) ſi un Prince chrétien a le droit d'exiger dans ſes états l'unité de dogme & de culte ; droit qu'il ne peut exercer ſur des rebelles obſtinés que par la force & les châ-

----

(1) pag. 250.
(2) pag. 251.
(3) pag. 248.
(4) pag. 243.

timens. Il finit en difant au jeune Tibere,
qui étoit féduit par les raifons captieufes
de ce vieillard : ce qui m'afflige, c'eft qu'il
rend le zèle d'un Prince inutile à la religion (1).

Comment un Prince qui a ainfi ex-
primé fes véritables fentimens, fentimens auxquels Bélifaire n'oppofe aucu-
nes raifons folides, mais feulement les
fophifmes furannés, & le clinquant faf-
tueux de l'incrédulité ; comment peut-
on fuppofer qu'il calme tout à coup fon
émotion, qu'il demeure convaincu &
perfuadé, & qu'il s'écrie : (2) ,, Bélifaire
(*qui veut détruire la religion furnaturelle,
la foi des myftères, le zèle des Princes chrétiens,*) ,, Bélifaire eft pieux & jufte : il
,, aime fon Dieu, il defire que tout l'a-
,, dore comme lui. ,,
Comment faire approuver la toléran-

____

(1) pag. 242.
(1) pag. 254.

ce & l'indifférence à ce Prince qui avoit été appellé l'Ezéchias de son siécle (1) ; qui avoit ordonné que les hérétiques & les athées fussent chassés de ses états ; que les écrits impies des novateurs fussent brûlés , & qui avoit défendu de les transcrire , sous peine d'avoir le point coupé (2).

Comment rendre dupe de sophismes captieux , ou complice de l'irréligion, un Prince éclairé, dont la législation a rendu le nom immortel, dit le savant & le judicieux M. le Beau : » (3) un Prince que l'histoire nous représente souvent dans son cabinet bien avant dans la nuit, sans garde, conversant sur les matieres de religion avec les plus vieux & les plus

------

(1) Lettre du Pape Hormisda.

(2) Hist. Ecclés. par M, Fleury, année 536, & Baronius, sixiéme siécle.

(3) Tom. 9 , pag. 13 & 14 de l'hist. du bas Empire.

faints Evêques , & qui avoit porté les conftitutions les plus fages & les plus utiles à l'églife. (1) C'eft ce Prince qui trahit les intérêts du ciel ; c'eft lui qui infulte aux miniftres d'un Dieu de paix, qui leur reproche de ne lui avoir *jamais recommandé qu'une contrainte tyrannique , & qu'une inflexible rigueur*. Quel contrafte !

Comment faire adopter une religion bien *douce* , bien commode , fans la foi des myftères , fans la pratique des œuvres de pénitence à cet Empereur, dont les auftérités furprenantes, & les jeûnes extraordinaires font rapportés dans l'hiftoire eccléfiaftique (2) d'une maniere fi édifiante ? puifque pendant le carême, il ne prenoit de nourriture que de deux jours l'un , encore n'étoit-ce que des

____

(1) *Voyez* l'Hift. Eccl. par M. Fleury , tom. 7. année 528, *cet article eft intéreffant.*

(2) Hift. Eccl. de M. Fleury , tom. 7.

herbes sauvages détrempées au sel & au vinaigre en petite quantité, sans pain, & ne buvoit alors que de l'eau.

Cet Empereur sous le regne duquel on avoit vu, dit Bélisaire lui-même, " trente ans de guerre & de victoires " dans les trois parties du monde, tou-" tes les pertes que l'Empire avoit faites " depuis un siécle, réparées par des suc-" cès ; les peuples du nord & du cou-" chant repoussés au-delà du Danube & " des Alpes ; le calme rendu aux Provin-" ces d'Asie ; des Rois vaincus & menés " en triomphe ; les ravages de la peste, " des incursions, des tremblemens de " terre comme effacés de l'univers par " une main bien - faisante ; des forteres-" ses, des temples sans nombre, les uns " élevés de nouveau, les autres rétablis " avec plus de splendeur ". Cet Empe-reur qui avoit eu tant de négociations à conduire, tant d'intérêts à ménager, tant de paix à conclure, tant de conquê-tes à conserver, un si vaste Empire à gouverner

gouverner ; il plaît à M. Marmontel de le dégrader & de l'avilir contre la foi des Hiſtoriens les plus ſenſés.

Ce qui a malheureuſement flétri la gloire de Juſtinien, ce n'eſt pas le zèle qu'il a eu pour la religion ; c'eſt au contraire d'avoir quelquefois manqué d'en défendre les interêts, d'avoir abondé en ſon ſens, d'avoir voulu *faire le théologien* (1) ; d'avoir démenti à la fin de ſa vie les heureux commencemens de ſon règne : comme ce qui a déshonoré Béliſaire, c'eſt la protection qu'il accorda quelquefois aux hérétiques, & la perſécution qu'il fit ſouffrir au Pape Sylvere, pour complaire à ſa femme Antonine, & à l'Impératrice Théodora.

____

(1) M. le Beau , tome *9.*

E

CARACTERES
DE TIBERE, D'EUDOXE
ET D'ANTONINE.

Tibere ne joue pas dans ce roman le rôle qu'il auroit dû jouer : il paroît avec quelqu'éclat fur la fcène dans les premiers chapitres ; le refte du tems il fait un perfonnage qui doit contrafter avec fon caractère. Un jeune militaire tout brûlant du feu de la gloire, dans un âge où il ne refpire que les combats & les actions d'éclat ; au lieu de faire raconter à Bélifaire fes campagnes, fes victoires, fes triomphes ; au lieu d'apprendre de ce fameux général l'art de la guerre ; eft-il naturel qu'il aille fe morfondre à entendre un vieillard difcourir à perte de vue fur des matieres qui devoient bien moins l'intéreffer & le charmer ?

Est-il naturel que le jeune Tibere, sans doute tendre & sensible, paroisse à peine penser à Eudoxe dans le cours du roman ; & que tout-à-coup transformé en Roland passionné, il demande avec ardeur le trésor que possède Bélisaire, trésor qui lui est aussi-tôt accordé : ” je ne puis ” mieux le placer, dit le vieillard : à ces ” mots il fait appeller Eudoxe. Ma fille, ” lui dit-il, (*sans autre préliminaire*) em- ” brassez les genoux de l’empereur & de- ” mandez-lui son aveu, pour donner ” votre main au vertueux Tibere ”. Eudoxe fait un moment *des façons* ; mais le frémissement & l’horreur que lui inspirent le nom & la vue de Justinien se calment bientôt, & l’empereur a sur le champ la consolation d’unir ces deux époux. Il faut avouer que voilà le mariage d’une impératrice éventuelle bientôt conclu, & sans grande formalité.

Le portrait d’Eudoxe n’est pas mieux dessiné. Cette infortunée, après avoir gémi sur les malheurs de sa famille, ne paroît plus sur la scène que pour servir elle-même à son pere un *plat de légumes*, qu'elle auroit bien dû laisser apporter par le bon Anselme, cet ancien serviteur qui figure aussi dans l'hyper-drame ; & pour mettre le comble à l'indécence , cinq ou six jours après avoir assisté aux funérailles de sa mere , elle donne son cœur à Tibere. Quel modèle à proposer à de jeunes filles ! Si M. Marmontel n'eût pas mieux observé les bienséances dans ses autres contes moraux , il n'auroit certes point mérité les suffrages des personnes honnêtes & judicieuses.

Ce n'est point ainsi que l'illustre Fénélon a dépeint Antiope la future épouse de Télémaque : s'il eût fait un roman sur Bélisaire , quelles richesses d'imagination n'auroit-il pas déployées , quel feu , quel intérêt , il auroit sçu mettre dans ce tableau ! que de traits vifs , mâles & vigoureux , ce sujet auroit prêté à la fécondité , à la force , à la régularité de son pinceau !

Que dirons-nous d'Antonine, épouse de Bélifaire ? cette femme avec les forces que donne *la rage*, ne s'élance du lit où elle étoit languiffante, que pour tomber prefque auffi-tôt dans les bras de la mort, à la vue de fon époux infortuné.

Le portrait que l'hiftoire nous a laiffé de cette Antonine, n'eft rien moins que beau ; cependant il paroît que M. Marmontel a voulu l'embellir, puifqu'il la repréfente comme digne d'être *adorée* par fa fille ; puifque, malgré fes galanteries & fes méchanchetés, Bélifaire eft affez généreux pour la placer dans le ciel, & affez bon pour dire à fa fille : ∞ après avoir expié *les erreurs* de fa vie, ta » mere jouit d'une éternelle paix, c'eft » elle qui nous plaint d'être obligés de » lui furvivre ; ... du fein de fon Dieu, » elle ne voit ce monde que comme un » point dans l'immenfité ... cette froide ∞ immobilité où elle laiffe fa dépouille *,

---

* Les plus grands fcélérats, après la mort,

» annonce le calme où ſon ame eſt
» plongée. *Cependant elle venoit d'expirer*
» *en blaſphêmant* ».

On auroit donc pu la repréſenter ici
ſous les traits d'Agrippine , épouſe de
Germanicus ; ou de Julie, épouſe de Pom-
pée : quelques converſations de Béliſaire
avec Antonine ſur la maniere dont elle &
ſa fille avoient ſupporté leurs diſgraces, &
leurs infortunes ; ſur ce qui s'étoit paſſé
pendant qu'il étoit dans les fers, auroient
certainement été plus convenables , &
moins étrangères au ſujet, que les longues & faſtidieuſes diſſertations du vieillard avec ſes deux voiſins : ſans doute
de peur qu'elle ne les interrompît , &
qu'elle ne fît des reproches à ſon mari
d'avoir encore l'ambition de ſe mêler,
juſques dans ſa ſolitude , *des affaires
d'état* , on s'eſt hâté de la faire mourir.

---

laiſſent leur dépouille dans une froide immobilité : Eſt-ce une preuve du calme où leur ame
eſt plongée ?

M. Marmontel eſt aſſurément un beau diſcoureur, mais un foible inventeur.

RÉCAPITULATION.

Il ſuit de cet examen que M. Marmontel a violé les régles de l'art ; défaut moins pardonnable dans un écrivain qui nous a donné une poétique, ſans doute digne de ſes autres ouvrages : nous lui oppoſons celle d'Horace ; & nous faiſons voir que la fiction de Béliſaire n'eſt pas conforme aux préceptes de ce grand maître.

PREMIER PRÉCEPTE (1).

Il faut que l'Auteur conſulte long-tems ſes talens & ſes forces ; s'il eſt

----

(1) *Sumite materiam veſtris qui ſcribitis æquam*
Viribus . . . . cui lecta potenter erit res,
Nec facundia deſeret hunc , nec lucidus ordo.

maître de fon fujet, il fçaura l'ordonner avec clarté, le revêtir d'expreffions convenables.

On diroit que la grandeur du fujet étoit fupérieur aux forces de M. Marmontel, puifqu'il ne l'a pas rempli. L'ordonnance eft vicieufe, puifque le feizieme chapitre devroit être placé immédiatement après le feptieme. Le ftyle & les expreffions ne font pas convenables, puifqu'il y a bien des phrafes repréhenfibles, & des principes faux & dangereux.

Second Précepte (1).

Quelque fujet que vous traitiez, qu'il foit fimple & un ; que les pieds, la tête,

---

(1) *Sit quodvis fimplex duntaxat & unum.*
                    Pes . . . caput uni
Reddatur formæ . . .
Aut famam fequere, aut fibi convenientia finge...
Primo ne medium, medio ne difcrepet imum...
Ficta voluptatis caufâ fint proxima veris.

& toutes les parties, forment un tout d'une feule nature ; que le début annonce la fuite & la fin de l'ouvrage. Un auteur doit peindre d'après la renommée, ou s'il crée un nouveau fujet, il faut que toutes les parties fe conviennenr. Il faut fur-tout que les fictions foient vraifemblables. M. Marmontel a eu intention de peindre un grand homme dans l'adverfité ; toutes les parties du tableau ne répondent pas à cette idée. M. Marmontel n'a pas fuivi la renommée dans le caractere de Juftinien, & il a démenti celui qu'il donnoit à Bélifaire. On voit d'abord, aux prifes avec l'adverfité, un héros qui dégénere enfuite en un difcoureur métaphyfique, & un bel - efprit à la mode.

Eft - il vraifemblable, qu'après un an feulement, Bélifaire ne reconnoiffe plus la voix de Juftinien, & que toute fa famille ne reconnoiffe pas l'empereur dans ces fréquentes vifites. *L'incognito* de Juftinien eft mal imaginé.

F v

TROISIEME PRÉCEPTE (1).

Les discours d'un acteur doivent avoir le ton qui convient à sa situation : manquer à cette bienséance, c'est s'exposer à être sifflé : il faut s'attacher aux traits qui caractérisent les mœurs. Les propos de Bélisaire ne conviennent point à son état ni à son caractere : il ne doit pas critiquer la cour & le gouvernement ; il est absurde qu'il attaque la religion sainte qu'il professe, & qui étoit la religion de l'Empire Romain.

Justinien ne parle pas comme un Empereur, auquel on ne peut refuser de l'esprit & des talens, de l'ame & des sentimens dignes d'un prince. Il est trop petit devant Bélisaire ; il est dupe des sophismes de ce vieillard aveugle.

----

(1) *Si dicentis erunt fortunis absona dicta,*
Romani tollent equites peditesque cachinnum..?
Ætatis cujusque notandi sunt tibi mores.

Eudoxe n'agit pas comme une fille dé-
cente & fensible à la mort de fa mere.
Son mariage avec Tibere eft trop brufque; il n'eft point amené, ni préparé.

Tibere n'a point le caractere, ni les
traits qui lui conviennent. Un jeune
militaire, bouillant & impétueux, ne
doit point fe plaire à entendre fans
cefle prêcher & dogmatifer; & un vieux
militaire doit être charmé de parler du
métier des armes, & de fes explois guer-
riers.

QUATRIEME PRÉCEPTE (1).

Un auteur doit toujours courir au dé-
nouement, comme on voit dans Homere, dans Virgile, dans M. de Fénélon, dans le roman Anglois de Miff

---

(1) *Semper ad eventum feſtinat, & in medias res*
Non fecùs ac notas auditorem rapit. . . .
. . . . . . Qui multùm ceſſat, fit Chærilus ille. . .
Verùm opere in longo fas eſt obrepere fomnum.

Clarice, &c. Ce n'eſt que dans un ouvrage de longue haleine, qu'il eſt permis de s'oublier quelques momens, &
de ſommeiller. C'eſt ce qui excuſe Homere dans quelques narrations qui ſont
trop longues. Dans le roman moral de
Béliſaire, il n'y a point d'enchaînement ni de ſuite. Après les ſix premiers
chapitres, on ne voit plus, juſqu'au
dernier, qu'une enfilade de diſſertations.
Dans un ouvrage auſſi court que celui
de M. Marmontel, peut-on l'excuſer
d'avoir ſubſtitué des diſcours à des actions, & d'être ſi verbeux dans ſes dialogues ?

CINQUIEME PRÉCEPTE (1).

Un auteur ne doit pas étaler quelques
lambeaux de pourpre qui brillent ; c'eſt

---

(1) *Purpureus latè qui ſplendeat unus & alter*
Aſſuitur pannus...
     Moveat Cornicula riſum,
Furtivis nudata coloribus...

dans fon propre fond qu'il doit puifer fes richeffes.

M. Marmontel a inféré dans fon roman des hors d'œuvres, des differtations étrangeres, des morceaux brillans, mais déplacés.

Il répéte les principes, les penfées, les expreffions qui fe trouvent dans mille autres. Il penfe, dans le quinzieme chapitre, d'après Bayle & nos philofophes modernes, & notamment d'après Jean-Jacques Rouffeau, & l'auteur du poëme de la religion naturelle : il a violé fes engagemens, pour s'enrôler & combattre fous les étendards de ce vieux guerrier, qui compte déja plus de quarante campagnes contre la religion chrétienne ; & qui cependant, malgré fon intrépidité apparente, tremble & friffonne toutes les fois qu'il croit toucher aux portes de la mort. Puiffe cette frayeur enfin lui devenir falutaire !

✳

Sixieme Précepte (1).

Comme la poësie est née pour produire le plaisir, si elle ne monte pas au plus haut point, elle tombe au plus bas. Or, le point de perfection, c'est de mêler l'utile à l'agréable.

Qu'est-ce que la fable de M. Marmontel, comparée à celle de M. de Fénélon; je l'ai fait voir, c'est un avorton. Il est vrai qu'il récrée, qu'il intéresse dans quelques endroits; sur-tout dans le commencement, on trouve des situations touchantes : mais ses réflexions politiques ne feront pas grand bien (2); &

---

(1) *Sic animis natum inventumque poëma juvandis,*
Si paulùm à summo discessit, vergit ad imum...
Omne tulit punctum qui miscuit utile dulci.

(2) En effet, nous sommes inondés depuis peu de livres sur le gouvernement. Des hommes obscurs, incapables de se gouverner eux-mêmes, & ne connoissant ni le monde, ni la cour, ni les affaires, se sont avisés d'instruire les rois & les

les principes contenus dans le quinzieme chapitre, ne peuvent faire que beaucoup de mal ; rien de plus propre à flé-
trir les lauriers d'un écrivain célébre par
le rang qu'il tient dans la littérature, &
à procurer à ses véritables amis & à lui-
même, bien des amertumes.

CONCLUSION.

Le seul parti qui reste à M. Marmontel, c'est de ne point rougir de dire pu-

---

ministres, & même de les injurier. *Comment. sur
Corneille, tom. 3, p. 242 de la premiere édition.
Gen. 1764, in-12.* Mais selon le Dictionnaire
Encycl. *tom. 7, p. 791, article, Gouvernement,*
» Vouloir couvrir les fautes de l'administration
» du voile du silence, c'est s'opposer aux pro-
» grès de la Législation, & par conséquent au
» bonheur de l'humanité. »

Nos prétendus Philosophes croient sans doute
avoir mission pour réformer l'Eglise & l'Etat ;
& ils ne voyent pas que leurs systêmes audacieux & insensés ne peuvent enfanter que l'anar-
chie, le désordre & la confusion.

bliquement : (1) Hélas ! je me suis livré aux erreurs d'une sagesse insensée ! aujourd'hui je suis forcé de retourner sur mes pas , & de reprendre la route dont je m'étois écarté.

Puisse enfin sa bouche , de concert avec son cœur, exprimer son repentir d'une maniere si persuasive , que son retour sincere à la vérité , ramene ceux qui auroient pu s'égarer aussi dans les sentiers ténébreux de l'erreur ! Il comblera de joie le pasteur (2) zélé , mais charitable, entre

---

(1) . . . .
Insanientis dùm sapientiæ
Consultus erro , nunc retrorsùm
Vela dare , atque iterare cursus
Cogor relictos.

Lib. 1. Ode 35.

(2) M. Marmontel a écrit à M. l'archevêque de Paris plusieurs lettres , dans lesquelles il témoigne la douleur la plus vive du scandale qu'il a donné , & offre de faire toutes les rétractations & soumissions que ce prélat jugera convenables.

On attend avec impatience l'exécution de cette promesse. Voici pour lui le moyen le plus

les bras duquel il s'eſt jetté avec confian-
ce ; il conſolera une académie , qui depuis ſon origine compte, parmi les mem-
bres qui la compoſent , ce qu'il y a de
plus illuſtre dans l'égliſe , de plus reſ-
pectable dans la magiſtrature , de plus
grand & de plus éclairé dans l'état : il
verra voler auſſi-tôt au-devant de lui les

ſûr de réparer le mal , c'eſt de ſouſcrire purement & ſimplement à la cenſure de la Faculté
de Théologie de Paris; de condamner de bonne
foi les ſources empoiſonnées dans leſquelles il a
puiſé , notamment le poëme de la Religion
naturelle, & l'Emile de Jean-Jacques Rouſſeau;
de dire anathême aux ouvrages impies que le
Clergé de France a proſcrits dans ſa derniere
aſſemblée ; & de ſigner lui-même cette déclara-
tion. Cette formule eſt conforme à celle que
le Pape ſaint Leon exigea des Pélagiens , qui
vouloient revenir à l'unité de l'Egliſe : *Dam-
nent* (diſoit ce ſaint Pontife) *apertis profeſſio-
nibus ſuis ſuperbi erroris auctores ; & , quidquid
in doctrinâ eorum Eccleſia exhorruit , deteſ-
tentur plenis & apertis ac propriâ manu ſubſcrip-
tis proteſtationibus , &c.*

cœurs les plus vertueux ; ils applaudiront à son courage : sa gloire & ses talens en recevront un nouvel éclat ; & son ame, sans doute, généreuse & sensible, goûtera tout le prix & toute la douceur de ce triomphe.

F I N.

APPROBATION.

J'AI lu, par l'ordre de Monseigneur le Vice-Chancelier, un Manuscrit qui a pour titre : *Examen du Bélisaire de M. Marmontel*, & je n'y ai rien trouvé qui puisse en empêcher l'impression. A Paris, ce 14 Avril, 1767.

RIBALLIER.